I0828807

LES

CATACOMBES

PAR

JULES JANIN.

III

PARIS

WERDET, ÉDITEUR-LIBRAIRE,

13, RUE DES MARAIS SAINT-GERMAIN.

*

1839

5.0947-48

LES

CATACOMBES.

579

Z : 50927 - 50928 .

Imprimerie de Mme Poussin, rue Mignon, 2.

LES

CATACOMBES

ROMANS — CONTES — NOUVELLES

ET

MÉLANGES LITTÉRAIRES.

PAR

JULES JANIN.

III

PARIS

WERDET, LIBRAIRE-ÉDITEUR,

18, RUE DES MARAIS SAINT-GERMAIN.

1839

LES ÉGOUTS.

Par un beau jour d'été parisien, quand la ville a pris ses habits de fête, quand chaque maison a lavé le seuil de sa porte, quand l'eau de la borne voisine a coulé à longs flots dans le ruisseau, quand le pavé de la rue éclate et brille comme le carreau de vitre d'une ménagère hollandaise, il y a là en effet un instant de propreté luisante et de calme bien-être qui vous fait penser malgré vous à la minutieuse et patiente toilette que fait chaque matin tout bon village flamand de la vieille origine. Quand Paris s'est mis ainsi, calme et joyeux, dans ses atours du dimanche, quand il n'y a ni boue ni bruits dans ses rues, alors en effet vous trouvez que c'est la plus belle ville du monde. Le Parisien, tout fier de sa ville, prend sa femme et sa fille à son bras, et ils s'en vont les uns et les autres, sans même relever leur robe d'indienne, dans les villages environnants, ou tout au moins au jardin des Tuileries si l'honnête famille est voisine du Luxembourg, au jardin du Luxembourg si elle est voisine des Tuileries. Et là, voyant les marronniers en fleurs, les plates-bandes en boutons, le gazon dans son bel habit vert des jours de fête, tous ces enfants qui dansent, toutes ces jeunes filles qui rient doucement, le Parisien se dit à lui-même avec orgueil : — Vive la charte, la garde nationale et le préfet de police! Ma bonne ville de Paris est en effet la ville la mieux peignée, la mieux lavée, la mieux vêtue et la plus chaste de l'univers!

Hélas! s'il savait, l'honnête Parisien, combien ce sont là des apparences trompeuses, combien il y a de fange au-dessous de ses pieds, de vices au-dessus de sa tête, combien de gaz délétères et de vices encore plus délétères entourent ses poumons et son cœur; s'il savait toute la boue que cache ce pavé luisant, toutes les corruptions que recèlent ces maisons si nettes au dehors; s'il savait tous les fumiers infects qui, manquant à leur loi de fumier, étouffent les germes naissants dans les campagnes; s'il savait tout ce qu'il y avait de sang gâté dans le bœuf dont il a déjeuné, d'ordures dans le fruit qu'il a mangé, tout ce qu'il y a de sueur dans le pain qu'il mange, de venin dans la servante qui le sert; s'il savait que la mort et la corruption s'échappent de toutes parts, à chaque instant de la nuit et du jour, de l'amphithéâtre où le chirurgien dissèque les cadavres, de l'hôpital où il les interroge, du cimetière où il les enterre; s'il savait que, pour Paris, tout cheval qui tombe, tout rat qui court, toute rivière qui coule apporte son infection et sa peste; s'il savait tout ce que recèlent de putride et d'infect les fosses ouvertes la nuit par ces tristes et pâles victimes qu'on prendrait de loin pour des fossoyeurs; s'il savait que tout l'attend au passage pour abréger sa vie : le bitume qui fond, le chanvre qui rouit, le tabac qui fume, le bois qui flotte, le tapis qu'on bat au grand air; s'il savait qu'en effet Paris est bâti sur un vaste cloaque, et que la plus chaste maison ne sert qu'à masquer un égout, et que la prostitution parisienne, aussi bien que la boue et les gaz délétères, le presse, le pousse et le menace de toutes parts, comme le pauvre homme s'estimerait malheureux! Il me semble que je le vois d'ici qui pâlit d'effroi, et que je l'entends qui dit à sa femme et à sa fille, au milieu de leur promenade commencée : *Rentrons!*

Qui le croirait? Il s'est pourtant rencontré à la fin un homme d'un grand talent, d'un rare esprit, d'une vertu éprouvée, chrétien, catholique, apostolique et romain de père en fils dans l'âme et dans le cœur, un homme qui était né et qui avait passé sa vie au milieu des mœurs les plus élégantes comme les plus correctes, un savant élevé par sa mère, son maître de latin, qui cependant, poussé par cette force irrésistible qu'on appelle *le devoir,* a consenti à descendre, lui si délicatement élevé par sa noble famille, dans ces immondes cloaques, dans ces égouts pestilentiels, et, ce qui était plus terrible pour lui, à descendre dans les plus horribles repaires de la prostitution parisienne! Cet homme descendait en droite ligne de la riante et studieuse retraite de Port-Royal-des-Champs; il s'était habitué de bonne heure à contempler avec admiration les chastes et sévères clartés du grand siècle; il était ce qu'on appelle dans le meilleur monde *un homme du monde*, esprit distingué, cœur excellent : eh bien! voilà son dévouement chrétien à l'humanité qui le force à passer la plus belle part de sa vie dans la boue corrompue, dans le sang vicié, dans le fumier qui n'est même plus du fumier, dans la prostitution à l'état chronique, dans toutes les fanges, dans toutes les misères sociales, *ce je ne sais quoi qui n'a plus de nom dans aucune langue*, comme dit Tertullien ! En un mot cet homme qui avait appris à lire dans les *Pensées de Pascal*, ce grand médecin qui était l'ami de Haller, il est mort l'autre jour, jeune encore, asphyxié sans doute par ses terribles études. Et devinez les livres qu'il a laissés : — *Histoire des Égouts et des Cloaques*, — *Histoire de la Prostitution*, — lui, un saint, Parent-Duchatelet !

« J'ai pénétré, dit-il, dans les lieux les plus « abjects, j'ai connu ce qu'il y a de plus im« moral, j'ai conversé avec ce qu'il y a de plus « méprisable, j'ai analysé des actions infâ« mes; ce que les hommes de mauvaise vie ne « voient eux-mêmes qu'en secret, ce qu'ils ca« chent, je l'ai vu et je viens vous le raconter

« au grand jour ; je l'ai vu et je ne suis pas « souillé. »

Suivons-le donc, nous autres, si nous avons du cœur, cet homme de tant de courage, de sang-froid et de vertu, dans les cloaques, dans quelques-uns des égouts où il a dû descendre. Cet air vicié a été purifié par lui. Suivons-le, le front haut et triste ; et, pourvu que nous marchions avec lui, sur ses pas, dans ce chemin difficile qu'il s'est tracé au milieu des vices, des fanges et des immondices de tout genre, nous pourrons dire aussi comme lui, quand notre tâche sera accomplie : *Nous ne sommes pas souillés.*

D'ailleurs il s'agit ici d'une étude triste, il est vrai, mais de l'intérêt le plus solennel. Il n'y a ni drame, ni histoire de la vie humaine, ni aucune des révélations du roman moderne qui vous ait jamais initiés à ces tristes aventures de cet autre monde si fécond en drames de tout genre, qu'on pourrait à bon droit appeler le *Paris souterrain*. Ce qui se passe dans le salon, ce qui se passe dans la mansarde, les aventures de la rue, les mœurs du village, tous les temps, tous les siècles, toutes les époques, on vous les a racontés, arrangés, corrigés, disposés de toutes les façons, sous tous les côtés, dans tous les styles et dans tous les livres; du monde connu vous n'avez plus rien à apprendre grâce aux philosophes et aux poëtes, grâce à la comédie et au roman, à la fiction et à l'histoire; tout ce qui est enfermé entre le ciel et la terre et sur la terre, vous devez maintenant le savoir à peu près, un peu mieux que Dieu lui-même. De ce côté il n'y a plus de nouveau monde à décourir; mais qui vous a dit jamais ce qui se passe au-dessous de vos pieds, là-bas, dans ces ténèbres sanglantes et profondes qui sillonnent la ville dans tous les sens? mais qui jamais vous a montré les mœurs de ce peuple pâle et livide qui sert aux égouts et aux amours de Paris, du fossoyeur qui cure les égouts, de la prostituée qui tend son piége à côté de la borne le soir? Vous avez eu l'histoire, jusqu'à présent, de toutes les misères parisiennes; mais vous a-t-on jamais fait l'histoire de toutes les infections parisiennes? Et même, si le premier romancier venu eût osé vous l'écrire, cette terrible histoire, soudain vous vous seriez récriés en vous bouchant les oreilles. Mais à présent que la route est ouverte par un homme de tant de science et de tant de vertu, Parent-Duchatelet, à présent que le cloaque est purifié, descendons dans le cloaque.

Pour commencer ce triste pèlerinage, et afin de bien graduer notre marche, commençons par étudier les égouts de la ville de Paris, les seuls égouts dans lesquels nous osions descendre : le vestibule est digne du lieu où il conduit. Dans la vieille Rome les égouts avaient leurs dieux et leurs déesses, le dieu Sterquilinus, la déesse Cloacina, Mephitina. Les plus grands hommes de l'antiquité n'ont pas dédaigné de se charger de la surveillance des égouts : à Thèbes on cite Épaminondas, à

Rome Cicéron, et plus tard le gendre d'Auguste, Agrippa. A Rome le grand cloaque de Tarquin servit d'abord à dessécher les marais creusés par les inondations du Tibre; Marcus Caton et Valerius Flaccus continuèrent l'œuvre de Tarquin. Tant que Rome fut la ville éternelle, les consuls et les empereurs ajoutèrent de nouveaux égouts aux anciens; quand arrivèrent les barbares, les aqueducs furent brisés, les égouts négligés, l'air de cette grande cité romaine se remplit de miasmes putrides. Plus tard, lorsqu'enfin le pape Léon X, au 12e siècle, vint à l'aide de la ville des Césars, son premier soin fut de réparer les égouts et de reconstruire les aqueducs.

Venons maintenant aux égouts de Paris, qui attendent encore leur Cicéron, leur Agrippa, leur Épaminondas. Trois vallées bien distinctes se partagent la ville : la plaine d'Ivry, la plaine de Vaugirard, et, entre ces deux plaines, la plus importante de toutes, la plaine qui porte Paris. La première de ces vallées commence à Choisy-le-Roi et se termine à la montagne Sainte-Geneviève; la seconde s'étend de la montagne Sainte-Geneviève jusqu'à Vaugirard et elle gagne, par Vanves, Issy et Meudon, les coteaux de Sèvres et de Saint-Cloud; la troisième commence entre Charenton et La Rapée, s'étend en se contournant jusqu'au bassin de l'Ourcq, et se termine vers les hauteurs de Chaillot et de Passy.

Ces trois vallées sont au même niveau de la Seine; leur sol est le même, leur apparence est la même, elles ont subi les mêmes transformations. Faire l'histoire des égouts dans une de ces trois vallées, c'est donc faire l'histoire des trois autres.

Les égouts de Paris ne datent guère que de Hugues Aubriot, prévôt des marchands sous Charles V; ou, pour mieux dire, Hugues Aubriot imagina le premier de voûter les égouts de la ville. Mais ces égouts, dont la pente était très-faible, s'encombraient souvent d'immondices et d'eaux stagnantes. Le voisinage de l'égout Sainte-Catherine devint si incommode à François Ier qu'il échangea en 1518 sa terre de Chasseloup contre l'emplacement actuel des Tuileries. Sous Henri IV François Chiron, prévôt des marchands, construisit à ses frais l'égout du Ponceau, depuis la rue Saint-Denis jusqu'à la rue Saint-Martin. Le grand égout de ceinture fut l'ouvrage immortel du ministre Turgot, le père du ministre de Louis XVI. Le plus vaste et le plus admirable égout de la ville de Paris, l'égout de la rue de Rivoli, a été construit par l'Empereur. C'est aussi à l'Empereur que Paris doit l'égout de la rue Saint-Denis et du Ponceau, sans compter l'égout de la rue Montmartre, celui de la Salpêtrière, celui de la rue d'Iéna et de la rue de La Vierge. J'avais tort de dire tout à l'heure que les égouts de Paris attendaient leur Épaminondas.

Chaque égout de Paris a ses immondices particulières : l'école militaire, l'hôtel des Invalides, la Salpêtrière font de l'égout qui les traverse une véritable fosse d'aisances; l'égout des abattoirs est rempli de matières animales; l'égout des Gobelins est une teinture noirâtre. Comme aussi chaque égout a une odeur qui lui est propre : — odeur fade, — ammoniacale, — d'hydrogène sulfuré, — odeur putride, — odeur d'eau de savon ou de vaisselle croupie en été entre les pavés.

L'*odeur fade* est la plus innocente de toutes; c'est l'odeur des égouts bien tenus et dans lesquels l'air circule. — L'*odeur ammoniacale*, c'est l'odeur des fosses d'aisances en grand. — L'*hydrogène sulfuré* a la propriété de noircir l'or et l'argent, et surtout de tuer son homme comme ferait un coup de sang. C'est l'odeur des égouts qui ont été négligés depuis longtemps. — L'*odeur putride*, qui est rare, se trouve cependant dans toute sa pureté à l'embouchure de l'égout de l'abattoir du Roule. — L'*odeur forte*, *repoussante* et *fétide* domine au Gros-Caillou, dans les rues de l'Oursine, de Croulebarbe, au faubourg Saint-Denis. Il y a encore une septième classe d'odeurs, qu'on peut appeler *odeurs spéciales*. Ainsi l'égout Amelot, c'est la vacherie et l'urine des animaux; la rivière de Bièvre exhale une douce odeur de tan qui est le serpolet de ces rivages; l'égout de la Salpétrière réunit à lui seul le plus horrible assemblage de toutes ces douces odeurs.

Mais en fait d'odeurs fades, putrides, repoussantes, variées, en fait d'ammoniaque et d'hydrogène sulfuré, que dirons-nous donc du grand égout où se décharge la voirie de Montfaucon, dans laquelle voirie on apporte, bon an mal an, quatre cent quatre-vingt-dix-huit mille sept cent cinquante bouches de vidanges, formant ensemble un million cent quatre-vingt-dix-sept pieds cubes de matières fécales? Dans cet aimable lieu le liquide se sépare du solide et s'en va se perdre dans le grand égout de la rue Lancry, non sans couvrir d'un épais nuage les faubourgs Saint-Denis et Saint-Martin.

Or les égouts, ces tristes réceptacles de tant d'odeurs nauséabondes et mortelles, Paris a trop peu d'eau pour les laver et pour les assainir : il faut que des hommes descendent, au péril de leur vie, dans ces voûtes étroites, pour balayer le sable et la boue qui les obstruent. Il faut pourtant bien que vous sachiez comment cela se fait, vous autres heureux de ce monde, qui ne voyez que le ciel et la terre, et qui mourriez d'effroi s'il vous fallait descendre dans les entrailles infectes de la belle ville que vous habitez.

Le malheureux que la faim condamne à ce travail descend dans l'égout, armé d'une longue planche au bout d'un bâton. Il rencontre d'abord une boue liquide, et tant que la boue est liquide il la pousse devant lui avec un grand rateau. Si la boue résiste, on fait une digue au bout de l'égout : l'eau qui monte a bientôt rendu à cette boue compacte toute sa limpidité. Quand la boue est enlevée, reste le sable.

Ce sable, qui provient du pavage des rues ou de l'inondation, est enlevé à l'aide de seaux et de poulies. L'asphyxie ou tout au moins l'ophthalmie est au fond de ce sable, qui a gardé traîtreusement toutes les émanations de l'ammoniaque. Et voilà à quel prix vous n'avez pas la peste tous les dix ans!

Cependant on demande ce que deviennent les immondices que charrient incessamment tous les égouts de cette immense ville. Il faut bien vous le dire, ces immondices se rendent, tout infectés et tout chargés de leurs odeurs, dans la Seine, cette fière rivière où s'abreuvent chaque jour huit cent mille individus. Vous frémissez! Vos pères ont eu peur bien avant vous : une ordonnance du prévôt de Paris en 1348, et un édit du roi Jean, de 1356, défendaient aux habitants de Paris de jeter leurs immondices sur la voie publique, en temps de pluie, de peur que l'eau ne les entraînât à la rivière. — Une autre ordonnance du prévôt des marchands défend, sous peine de soixante sous d'amende, de jeter dans la Seine aucune boue ou fumier. — Le règlement du 28 juin 1414 ordonne aux chirurgiens de porter le sang des personnes qu'ils auront saignées dans la rivière, *au-dessous de la ville.* — Un arrêt du parlement du 21 juin 1586 condamne au fouet un valet du bourreau qui avait jeté des matières fécales dans la rivière.

Nous sommes de plus intrépides buveurs d'eau que les Parisiens des siècles passés : nous jetons dans notre rivière tout ce qu'on y peut jeter. Cependant nous nous appelons sans façon des hommes civilisés, et nous nommons nos pères des barbares !

Mais il ne s'agit pas de nous, il s'agit des malheureux qui, cachés dans les fanges de la ville, travaillent incessamment à l'assainir. A peine descendus dans le cloaque immonde, ils sont saisis à la tête d'une vive douleur; la bouche se dessèche, et devient brûlante comme elle le serait après huit jours d'une horrible fièvre ; à peine plongés dans cette boue infecte, leur peau devient sanglante, elle se couvre ensuite d'une croûte épaisse, une horrible infiltration purulente est établie dans ces tristes cadavres... Cependant, chose étrange! ces malheureux, qui ne gagnent que deux francs par jour, sont attachés à cette triste profession comme si elle était la plus belle du monde; non-seulement ils l'exercent sans dégoût et sans fatigue, mais encore avec joie. Ceci est un des mystères de la toute-puissance d'attraction qui s'établit entre tous les malheureux. Ces pauvres diables, séparés du monde, habitués à s'aimer, à se plaindre, à se secourir, à se sauver les uns les autres, ne voient rien au-delà de l'égout dans lequel ils vivent. La grande cité parisienne les foule aux pieds de ses chevaux, elle n'a pour eux que des excréments et de la boue : peu leur importe! Ils rendent à Paris oubli pour oubli : chassés de la grande famille qui vit sous le ciel, à l'air libre et pur, ils se sont fait à eux-mêmes une famille dans l'égout, et tous les membres de cette famille s'aiment et s'entr'aident au besoin. Ce sont, à leur manière, de grands philosophes pratiques. Leur domaine est triste, il est vrai, mais ils en sont les rois.

Pourtant que d'accidents terribles! En 1782 huit ouvriers furent asphyxiés dans l'égout Amelot, en 1785 il en tomba cinq dans l'égout de la rue des Filles-du-Calvaire, en 1787 plusieurs ouvriers dans la Vieille-rue-du-Temple; en 1793 le plus célèbre des égoutiers, Champion, homme de courage, tombe asphyxié; mais on le relève, on le ramène à l'air, on le sauve. Il en a sauvé bien d'autres à son tour! Mais sortons en toute hâte de ces horribles souterrains; respirons. Justement nous voilà au bord d'une rivière qui coule doucement sur le sable... Ah! malheureux que vous êtes! cette rivière au bord de laquelle vous alliez vous reposer, c'est encore un égout! Cet égout s'appelle la Bièvre, et son histoire n'est guère moins terrible que l'histoire des autres égouts faits à son image. Le vallon dans lequel coule la rivière de Bièvre a envirou huit lieues d'étendue depuis sa source jusqu'à son embouchure. La Bièvre, ou, si vous aimez mieux, la rivière des Gobelins, n'est tout d'abord, à sa source, qu'une limpide et claire fontaine qui s'en va en gazouillant à travers une prairie. En son chemin cette eau limpide rencontre trois à quatre petites sources innocentes comme elle, qu'elle entraîne avec elle à Paris. On dirait ces jeunes villageoises que poussent l'ambition et l'amour, et qui s'en vont, les folâtres, l'une poussant l'autre, chercher la fortune de leurs vingt ans. A mille pas à peine de sa source limpide, en entrant dans le bois épais de Buc, la villageoise est déjà une grande dame, le mince et clair filet d'eau est déjà une rivière. Quelques pas plus loin le lit desséché d'un étang se rencontre. Déjà un peu de vase se mêle à cette transparence, image des vices de la ville qui s'avance. Plus loin encore, dans le fond du vallon, au sortir de la forêt, voici la rivière qui pénètre dans le parc de ce triste et bizarre vieillard nommé Séguin, dont la mort récente a été entourée de tant de scandales, digne oraison funèbre de cet homme, qui fut un méchant. La rivière s'arrête longtemps dans la demeure de ce riche. Ainsi fait dans la maison du riche la villageoise qui va à Paris. Mais enfin il faut quitter cette terre de délices. Le pont d'Antoni se présente : la rivière le passe à pied sec; elle salue de son murmure les ruines du château de Berny ; elle court de là à Arcueil, d'Arcueil à Gentilly; elle arrive à Paris enfin, c'est-à-dire qu'elle est tout à fait perdue. Que de fange et d'immondices vous attendent, honnêtes filles des campagnes, et vous, honnête petit filet d'eau, qui preniez tout à l'heure, et si innocemment, vos joyeux ébats au soleil!

Chose étrange! à peine entrée à Paris, la Bièvre prend toutes les apparences d'une rivière morte : les roseaux, ces fleurs des marécages, obstruent son cours dans tous les sens; le nénuphar, douce plante des eaux, et le cresson, qui annonce leur santé et leur vigueur, disparaissent dans cette désolation générale; point de verdure, point de fleurs sur ces bords maudits; à peine quelques saules rares, et qui n'ont pas assez de feuilles pour pleurer; comme aussi pas un poisson dans cette eau aux mille couleurs : la carpe, qui aime la fange, meurt dans la Bièvre parisienne; l'écrevisse s'enfuit, l'anguille n'y a jamais paru; il n'y a pas jusqu'aux grenouilles, bruyantes filles du marais, qui n'aient en horreur cette onde impitoyable; le crapaud lui-même, oui, le crapaud! ne veut pas habiter ces bords désolés. En fait d'habitants de ces ondes, il n'y a que d'horribles sangsues; encore leur piqûre est funeste; tristes sangsues, qui ne sont bonnes à rien, pas même à soulager le malade dont elles boiraient le sang!

Les rats seuls règnent en maîtres sur ces rivages empestés; ils y viennent attendre au passage les charognes que l'eau entraîne. Et quelle eau ! si limpide à sa source, mais, une fois à Paris, noire, épaisse, fétide ! L'hydrogène sulfuré se dégage en gros flocons à sa surface; elle ne peut ni cuire les légumes ni dissoudre le savon. En revanche, elle change de son souffle abominable l'argent en cuivre. On disait que l'eau de la Bièvre était excellente pour la teinture : on flattait l'eau de la Bièvre. Dans la manufacture même des Gobelins on est souvent obligé de se servir de l'eau de la Seine quand il faut obtenir quelques-unes de ces nuances si fines et si délicates à l'aide desquelles on peut rendre la vie même à la couleur de Rubens.

Mais, si cette rivière est sale et fétide, ses travaux sont glorieux et utiles; une armée de soldats ne saurait suffire à accomplir tout ce que la Bièvre accomplit à elle seule. A peine échappée de sa source, elle rencontre une usine dans le vallon de la Meulière; elle fait mouvoir un moulin à papier à Chevreuse, deux moulins à farine à Buc; à Jouy elle teint les toiles de M. Oberkampf; dans le joli village de Bièvre elle est l'honneur de la maison de M. Dollfus, et tout ce charmant village travaille et gagne sa vie sur ses bords. Entre Bièvre et Arcueil trois moulins se présentent : Boui, Haï et Cachan; entre Arcueil et Gentilly, un moulin; de Gentilly à Paris, deux moulins, la blanchisserie des hôpitaux, la blanchisserie hollandaise. La Bièvre sert de lavoir à tous les villages qui l'entourent : on y lave le linge, on y lave les laines; mais c'est surtout quand la Bièvre est une rivière parisienne que son labeur commence. Voici d'abord à Croulebarbe une fonderie et une féculerie; arrivent ensuite la manufacture des Gobelins, deux tanneries, un atelier de teinture, des voiries de chaque côté des deux rives, des lavoirs et des baquets de blanchisseuses; voici encore un tanneur, à côté du tanneur un hongroyeur; le moulin *Fidèle* broie les couleurs; sans compter un mégissier, un amidonnier et quatre autres mégissiers, puis un lavoir pour les vieux chiffons ramassés dans Paris, puis encore deux mégissiers. Mais comment vous dire tout le travail de cet infatigable filet d'eau et toutes les fortunes qu'il représente? Fabrique de carton, filature, papeterie, fabrique de mottes, bois de teinture, blanchisseuses, quatre mégissiers, trois tanneurs : voilà seulement pour la rive gauche.

Plus nous avançons et plus nous trouvons d'activité et de zèle dans la partie moyenne de la rivière, depuis le Pont-aux-Tripes jusque sur le boulevard. Voici les établissements de la rive droite : — Trois mégissiers, trois tanneurs, un hongroyeur, un tanneur, deux maroquiniers, un mégissier, une fabrique de bleu de Prusse, de cartons; trois fabriques d'amidon, une grande filature de laine, un vaste atelier de charpente; — et encore du salpêtre, du bleu de Prusse, des blanchisseuses; et, sur le côté gauche, quinze établissements considérables, sans compter une teinturerie de peaux, une distillerie, deux filatures de coton, tannerie, charonnage, cartons, menuisiers; et, que sais-je? moulin à farine, moulin à papier, maison de santé de M. Esquirol, nourrisseurs, et cinq hôpitaux qui se mirent dans ces eaux: l'hôpital des Enfants-Trouvés, l'hospice de la Maternité, l'hôpital du Val-de-Grâce, l'hôpital du Midi, l'hospice de la Pitié; quatre casernes, un amphithéâtre d'anatomie; et Sainte-Pélagie donc!

Et, pour ajouter encore s'il se peut à toutes ces odeurs, teintures, forces motrices, eaux blanches, eaux sales, eaux savonneuses, eaux maladives, eaux de l'hôpital et de l'écurie, arrive l'égout de l'abattoir de Ville-Juif; et, ce qui vous donnera une idée très-juste de cet égout qu'on appelle *la Bièvre*, c'est que l'eau de l'égout de l'abattoir de Ville-Juif *contribue à l'épurer*.

La rivière de Bièvre nous conduit, par la pente même de son onde empestée, à un autre foyer d'infection : il s'agit cette fois des salles de dissection, espèces de voiries scientifiques dont le nom seul est une terreur. Je vous ai dit, en commençant cet article rempli de miasmes putrides, que notre science serait complète, et que partout où descendrait M. Parent-Duchatelet, nous y descendrions avec lui, — dans les boues des égouts parisiens, — dans la fange de la Bièvre, — dans le charnier des amphithéâtres, — à Montfaucon, — dans les cavaux funèbres, — dans les fosses d'aisances, — dans les maisons de prostitution enfin.

Autant la science est facile à Paris, de nos jours, autant elle a été autrefois d'un abord repoussant et difficile. Un vieil et terrible anatomiste, nommé Vesale, raconte, non sans terreur, toutes les peines qu'il se donna pour aller la nuit, au milieu du cimetière des Innocents, arracher son premier cadavre à la fosse fraîchement remuée, comment aussi il allait, aux fourches patibulaires de Montfaucon, disputer aux corbeaux les pendus qui s'agitaient au-dessus de sa tête. Il fut le créateur de cette grande science de l'anatomie. Le moyen âge, aussi peu avancé que l'antiquité, qui regardait comme une souillure d'approcher un cadavre, regardait comme une impiété digne du dernier supplice la dissection d'*une créature faite à l'image de Dieu*. Après avoir échappé à tous les dangers de la science nouvelle, Vesale fut condamné à mort par l'inquisition de Philippe II parce qu'un jour, comme il disséquait devant ses élèves, le cœur de l'homme disséqué avait, disait-on, bondi sous le scalpel de l'opérateur. Aujourd'hui les temps sont bien changés : le cadavre ne manque plus à la science ; c'est bien plutôt la science qui manque aux cadavres. D'abord la ville de Paris avait abandonné au scalpel le corps de ses suppliciés ; mais c'étaient de pauvres ressources ; et à peine un malheureux sujet venait-il d'être pendu qu'une bataille de chirurgiens et de médecins se livrait autour de son cadavre pour savoir à qui ce cadavre resterait.

Plusieurs histoires funèbres sont racontées à ce propos. Le 1er février de l'an 1630, arrêt qui défend aux étudiants d'enlever par force les cadavres des suppliciés, et ce, dit l'arrêt, « considérant que depuis longtemps les étu- « diants en médecine et en chirurgie se livrent « à des voies de fait et à des violences, et *même* « *à des meurtres*, pour avoir les corps des sup- « pliciés. » Nonobstant cet arrêt, en 1637 et 1641 c'était toujours l'épée et le pistolet à la main qu'ils allaient détrousser les roues, échafauds et fourches patibulaires de la place de Grève et autres lieux. Ce cadavre, ainsi enlevé, servait tout le temps que peut servir un lambeau en putréfaction; on attendait pour le remplacer qu'un autre criminel eût été pendu ou roué vif. Ainsi se firent çà et là et par hasard toutes les études anatomiques jusqu'au 19e siècle, qui parvint enfin à détruire le préjugé du cadavre comme il en a détruit tant d'autres, mais pourtant avec beaucoup plus de peines et d'efforts.

On arrêta donc tacitement dans les hôpitaux que la science avait le droit de se servir de tous les cadavres de l'hôpital. On n'osa pas encore établir un amphithéâtre public: chaque étudiant emportait chez lui son cadavre ou sa part de cadavre; ce qui restait de ces cadavres était jeté à la voirie. En 1765 M. Pelletan était encore obligé de brûler ces tristes débris dans un poêle de fonte. Enfin le grand anatomiste Desault établit le premier amphithéâtre près de la place Maubert. De cet amphithéâtre sont sortis Pelletan, Dubois, Lallemand, Boyer, et plus tard Bichat, l'honneur de la science. A l'exemple de Desault, chaque professeur d'anatomie eut bientôt son amphithéâtre particulier. L'amphithéâtre s'établissait dans les plus pauvres maisons et dans les plus obscures; les cadavres venaient, non plus des hôpitaux, mais des cimetières: on les pêchait dans la fosse commune; tantôt on traitait de gré à gré avec le fossoyeur, d'autres fois on avait recours à la ruse. Le savant et vénérable professeur Dubois, dans sa jeunesse, quand il allait au cimetière, attirait autour de ces funèbres enceintes toutes les filles publiques du quartier, avec ordre d'ameuter toute la foule des passants par leurs joyeux propos; et pendant que ces dames, à force de scandale, attiraient l'attention des voisins, lui, Dubois, dans la vaste fosse, choisissait ses cadavres; il en remplissait un fiacre, et se faisait reconduire à sa maison en compagnie de cinq ou six cadavres. De temps à autre une épaisse fumée s'élevait de ces amphithéâtres; cette fumée portait avec elle une odeur nauséabonde : c'était les cadavres qu'on brûlait. En ces temps-là, dit M. Lallemand, « on aurait pu tuer autant de « personnes qu'on eût voulu, les disséquer et les « brûler ensuite, sans que la police eût songé « à en prendre le moindre souci. *C'est ce qui est « arrivé peut-être plus d'une fois.* » ajoute-t-il.

Ce ne fut guère qu'en 1803 que la police songea à mettre un peu d'ordre dans ces hécatombes scientifiques. Mais pourtant que de peines donna cette réforme! En vain on établit des amphithéâtres publics dans les hôpitaux : les amphithéâtres particuliers résistèrent de toute leur force à l'action de la police. La dissection se cachait dans les murs les plus obscurs, dans les maisons qui tombaient en ruine; les cadavres s'apportaient en plein jour, et se déposaient à la porte comme si c'eût été une provision de bois pour l'hiver; du haut des fenêtres on jetait dans la cour les plus horribles débris; les murs étaient chargés de pus et de sang. Les valets de ces amphithéâtres, dit un rapport de police, *ne respectaient pas plus les vivants que les morts*: les cadavres restaient quelquefois trois semaines sur les tables où on les plaçait. Ceci dura jusqu'en 1813; mais alors la patience publique, poussée à bout, fit entendre des réclamations énergiques. Aucune maison particulière ne voulut plus souffrir ce terrible voisinage; on dénonça de toutes parts ces maisons aux escaliers impraticables, ces cours sans puits, ces puits sans cordes, ces mansardes infectes où l'étudiant couchait à côté du cadavre, ces garçons d'amphithéâtre qui vendaient de la graisse humaine. En effet, une société en commandite s'était formée pour l'exploitation de cette graisse humaine : elle était employée, *non fondue*, à graisser les roues des charrettes; des charlatans en faisaient des remèdes contre les douleurs; on en vendait une grande quantité aux fabricants de perles fausses. On en trouva deux mille livres chez un seul garçon de l'école de médecine; il y en avait un autre qui en avait rempli deux fontaines de grès. Il fallut une charrette à deux chevaux et six hommes de peine pour transporter toute cette masse de graisse humaine à la voirie de Montfaucon, où propablement elle fut mangée par les rats.

En même temps la police faisait des recherches chez ceux qui avaient acheté de cette graisse humaine, et elle l'enlevait sans pitié. Les fabricants dépouillés réclamèrent, ou tout au moins ils demandèrent à l'autorité le moyen de distinguer la graisse d'homme de la graisse de chien, par exemple. On leur répondit que *les graisses d'homme, de cheval et d'âne ne pouvaient être distinguées entre elles, parce qu'elles ont toutes une couleur jaune, une concrescibilité très-faible, une très-grande fétidité, et qu'elles se précipitent en globules*. Ce qui était parfaitement raisonné.

Savez-vous qu'au mariage de l'empereur Napoléon avec Marie-Louise, une partie des lampions de Paris étaient remplis par de la graisse d'homme? Digne illumination d'un mariage qui avait coûté tant de sang!

Aussi les cadavres furent-ils bientôt aussi rares qu'ils étaient communs auparavant. Les cimetières avaient disparu de l'enceinte de Paris : on allait chercher les cadavres à Bicêtre, au dépôt de mendicité de Saint-Denis, partout où l'on pouvait. Un jour les garçons de M. Marjolin revenaient de Bicêtre, les hottes pleines de cadavres. Chemin faisant, ils s'arrêtèrent à la porte d'un cabaret, et ils déposèrent leur fardeau à la porte. Jugez de leur surprise quand, au sortir du cabaret, ils ne trouvèrent plus leurs hottes, si précieusement chargées! jugez aussi de l'étonnement des voleurs!

Enfin on est arrivé aux amphithéâtres réglés de la Pitié, de la Faculté de médecine, de Bicêtre, de la Salpétrière, de Saint-Louis, de Beaujon, de Saint-Antoine, de la Charité, des Enfants-Trouvés et de la Maternité; la Faculté de l'École de médecine dissèque par an trente mille cadavres, la Pitié en consomme quatorze cents.

Quant aux dangers de l'anatomie, ils sont presque nuls. On raconte en preuve l'histoire d'un nommé John Gilmore qui vivait, avec sa femme et ses deux enfants, dans une chambre au-dessous des salles de dissection de l'hôpital Saint-Barthélemy. Cette pièce était située à l'extrémité d'un long passage contenant plusieurs cuviers entièrement remplis d'os en macération; à l'entrée de plusieurs cuves on avait creusé de larges fosses propres à recevoir les débris de tant de cadavres; l'air qu'on respirait en ce lieu était chaud, cadavéreux, pénétrant. John Gilmore n'était pas même séparé de ce charnier par une porte : eh bien! il a vécu très-heureux; et il est mort, très-bien portant, d'une attaque d'apoplexie, à l'âge de soixante-neuf ans.

On raconte cependant une histoire beaucoup moins rassurante. Le docteur Chambon faisait la démonstration du foie et de ses annexes sur un cadavre en décomposition. A un certain coup de bistouri il s'échappa de l'abdomen du susdit cadavre une vapeur horriblement fétide, qui atteignit le démonstrateur et qui gagna de proche en proche quatre autres assistants, MM. Fourcroy, Covion, Laquerne et Dufresnoi. M. Covion fut remporté chez lui sans connaissance, et au bout de soixante-douze heures il était mort.

A l'heure qu'il est, grâce aux progrès de l'hygiène, les amphithéâtres de dissection ne sont guère plus dégoûtants à voir et à sentir que l'étalage de Mme Chevet, au Palais-Royal, en été.

Pauvre gloire humaine! à Paris tout devient foyer d'infection, même la gloire. Si vous saviez l'histoire des morts de juillet, que vous auriez pour! Les héros tombaient sous la mitraille au milieu des places publiques, sur ce pavé en révolte que brûlait le soleil. Bientôt les cercueils manquèrent à tous ces cadavres. D'ailleurs où les conduire dans cette ville encombrée de barricades? Cependant il y avait hâte de s'en défaire : le thermomètre marquait plus de 25 degrés Réaumur.

La Morgue était encombrée; les arches du Pont-Notre-Dame, cimetière improvisé, exhalaient déjà une odeur méphytique. Dans cette extrémité, on remplit deux bateaux de cadavres, et ces cadavres descendirent lentement la Seine jusqu'au Champ-de-Mars. Il leur fallut passer devant ces Tuileries vaincues. — *Les morts ont salué le drapeau tricolore!* — La rivière même charriait des cadavres; vaincus et vainqueurs, peuple et armée flottaient pêle-mêle. Cependant de tous les côtés de la ville on creusait de vastes fosses, sur les places publiques, au pied du Louvre, partout; on enterrait le héros où il était tombé. C'est ainsi que tous les cadavres ramassés dans le marché à la viande, à l'entrée des rues Montmartre et Montorgueil, furent déposés sous le portique de l'église Saint-Eustache; et bientôt, comme la putréfaction s'en mêla, ces mêmes cadavres furent descendus dans les caveaux de l'église, dont l'entrée fut refermée et scellée avec du plâtre. On croyait que c'était pour longtemps.

Quinze jours à peine s'étaient écoulés; à peine si, dans l'enivrement de cette révolution subite, on avait eu le temps de songer à ceux qui l'avaient payée de leur vie, quand ils vinrent eux-mêmes se rappeler aux vivants par l'infection de leurs tristes reliques. L'église de Saint-Eustache est envahie tout d'un coup par une odeur horrible, qui s'échappait du parquet et du sol en filtrant à travers les voûtes. Voilà aussitôt toute l'église en alarmes. Le curé de Saint-Eustache, M. Vitalis, autrefois savant professeur de chimie, appelle à l'aide de sa paroisse toute la science parisienne. Ému par ces plaintes venues de si haut, le conseil de salubrité s'assemble; et, après une longue délibération, on décide que les caveaux seront ouverts sur-le-champ, que les quarante-trois cadavres qui y gissent sans sépulture en seront extraits et portés au cimetière. Il fallait pour cette terrible opération des hommes éprouvés et courageux : on appela des égoutiers et des gens de la Morgue; la nuit venue, les torches s'allumèrent dans l'église et le terrible mystère commença.

Le caveau ouvert, la pierre funèbre enlevée, le premier homme qui descendit dans cette tombe ce fut Parent-Duchatelet lui-même ! Les quarante-trois cadavres étaient couchés sans honneur, les uns sur le dos, les autres sur la face ; leur visage était noir, leurs chairs étaient tuméfiées, leurs membres étaient verdâtres ; un seul avait un cercueil ! A côté de chaque cadavre deux hommes étendaient une serpillière de toile grossière et spongieuse arrosée de chlorure ; le cadavre était placé sur le linceul humide, et en le tournant sur lui-même il s'enveloppait des pieds à la tête ; une grosse ficelle l'attirait alors hors du caveau, et du même effort on le plaçait dans un vaste tombereau. Quand la dernière serpillière eut été remplie et les quarante-trois cadavres déposés dans sept voitures, le cortége funèbre se rendit au cimetière Montmartre ; une large fosse disposée à l'avance reçut tous ces morts. J'aurais voulu qu'on inscrivît sur cette fosse le mot de l'Écriture si admirablement paraphrasé par Bossuet : — *Erudimini! Instruisez-vous, vous qui faites des révolutions!*

Or, voici ce qu'il en a coûté pour rendre les honneurs funèbres à quarante-sept héros de la révolution de juillet :

23 hommes à 10 francs,	230 fr.
12 voitures à 15 francs,	180
Toile,	141
Couture de cette toile,	9
Corde et ficelle,	29
Deux pompes d'arrosements,	14
Eau-de-vie pour les ouvriers,	28
Chaux vive,	84
	715

Sept cent quinze francs! L'entreprise des pompes funèbres n'enterrerait pas à ce prix-là un général de division mort dans son lit.

Mais quittons ces voiries de chair humaine; d'autres amphithéâtres nous réclament. Les animaux domestiques ont aussi à Paris leur cimetière, plus terrible encore que l'abattoir;

Montfaucon n'a rien à envier au Père-La-chaise. Ce qu'on appelle *l'équarrissage* est un de ces commerces sans nom dont l'histoire peut à bon droit passer pour un de ces fantastiques récits pleins d'horribles détails qui étaient encore si fort à la mode il y a six ans. Il y a donc un lieu à Paris, un vaste cimetière, où est nécessairement portée, morte ou vivante encore, la carcasse de tout animal qui n'est pas un homme. Le cheval tient le premier rang dans cet enclos de la pourriture : noble cadavre, on ne l'enterre pas, on le mange; ce qu'on ne mange pas, on le vend. Chaque parcelle de ce cheval mort a sa valeur commerciale, depuis le sabot jusqu'à la crinière. Ce que Paris mange de viande de cheval est incalculable. Dans la disette de 1811 on ne mangeait que du cheval dans le quartier des Halles, dans plusieurs endroits du faubourg Saint-Marceau, dans la rue de la Mortellerie, du Plâtre Saint-Jacques, de la Huchette, de Saint-Victor. En 1825 une commission du conseil de salubrité, considérant que la viande de cheval a *fort bon goût*, qu'elle est aussi nourrissante que toute autre viande de boucherie, que plusieurs gouvernements en ont permis la vente publique pour la nourriture de l'homme, proposa de régulariser la vente du cheval en établissant un abattoir particulier pour les chevaux qu'un inspecteur aurait jugés bons à être mangés. La proposition n'eut pas de suite, et voilà pourquoi vous ne lisez pas sur la carte de Véry : — *Cuisse de cheval aux anchois.*

En aucun temps, même dans les temps de famine, on n'a mangé plus de chevaux que l'hiver dernier à Paris. On laisse entrer cette viande à la barrière pour les chiens et pour les animaux du Jardin des Plantes : ce sont les hommes qui la mangent. Pas plus tard que l'an passé, la commission sanitaire du quartier de l'Observatoire signala comme cause d'insalubrité une maison encombrée de prostituées et de viande de cheval! Quelles bouchères pour quelle viande! Mais aussi quelle viande pour quelles bouchères!

Nous sommes arrivés à Montfaucon. Cette immense voirie, située à 500 mètres du bassin de La Villette et à 2500 mètres de la butte Montmartre, domine toutes les hauteurs de Paris. Ce terrain est divisé en deux clos : le clos Dusaussois, du nom de son fondateur qui a gagné 600,000 francs en quinze années, et un clos sans nom, appartenant à divers équarrisseurs. On arrive au clos Dusaussois par une avenue de beaux arbres; dans la cour, qui est pavée, se trouve un hangar ouvert; au-dessous du clos vous voyez deux petites maisons, l'une habitée par un ouvrier et sa famille, l'autre occupée par un fabricant de boyaux; au milieu de cet emplacement un grand puits a été creusé. Ceci est un établissement modèle, surtout si vous le comparez à l'abattoir voisin. Là point de hangar, tous les travaux se font en plein air; pas une maison, pas un abri. La cour de l'établissement, faute de pente, est encombrée d'un liquide infect; le sang des animaux, incessamment mêlé aux horribles matières que recèlent leurs intestins, compose les marécages flottants de cette cour d'honneur; des carcasses amoncelées les unes sur les autres forment les dignes murs de ce palais; pas un puits, on lave ces lieux avec le sang.

Or, voici ce que rapporte un cheval mort :

La peau,	15 fr.	» c.
Le crin,	2	»
La viande fraîche,	»	30
Les tendons,	»	60
L'huile des viscères,	1	20
Les intestins,	»	»
Les sabots,	»	60
Les ossements,	»	4

Trente chevaux sont apportés ou amenés chaque jour à l'équarrissage, ce qui donne 12,775 chevaux par an. Maintenant que nous connaissons le théâtre où se passe ce drame, allons au fait.

Chaque équarrisseur transporte le cheval mort dans une charrette jusqu'en son enclos. Ce cheval mort, qui se donnait autrefois pour rien, se vend bel et bien aujourd'hui, grâce à la concurrence, tantôt douze francs, tantôt quinze, suivant la qualité de l'animal. Quand l'animal est vivant encore, on le mène par bandes à son dernier travail : vous les voyez passer attachés l'un à l'autre avec de mauvaises cordes, et pouvant à peine se soutenir. Arrivés dans l'enceinte funèbre, on leur coupe la crinière et les crins de la queue; on leur met au cou un os de cheval qu'ils ont peine à traîner, tant ils sont faibles; et ils attendent la mort sans un grain d'avoine, sans un brin d'herbe. Quelle triste fin pour le compagnon de nos travaux et de nos batailles ! On en a vu, de ces malheureux, que la faim pressait à ce point qu'ils devenaient carnassiers, et qu'ils dévoraient de longues parties d'intestins dans lesquels se trouvaient enfermées quelques misérables parcelles d'une avoine non digérée; et quelle avoine, la dernière avoine d'un cheval de Montfaucon !

Au commencement de l'hiver, quand un pauvre cheval a bien travaillé tout l'été, quand il n'y a plus à faire ni semence, ni labour, le bon paysan vend son cheval à l'équarrisseur. L'équarrisseur va chercher les chevaux du paysan à dix lieues de Paris : à Essonne le cheval de labour se vend cinq francs, quatre francs à Fontainebleau. Une fois achetée, la marchandise va toute seule sans qu'on la pousse. Et faites donc des phrases sentimentales sur le laboureur! Le laboureur est un marchand, un trafiquant, un spéculateur qui a un peu moins de cœur que les autres spéculateurs, et qui vend ses vieux chevaux quatre francs quand il ne peut pas en trouver cinq.

Pour tuer les chevaux qui ne meurent pas de faim ou de leur belle mort dans l'abattoir, quatre procédés très-simples sont mis en usage : on ouvre une veine et on souffle de l'air dans

poules ou poulets avec du cheval. Dans l'enclos même de Montfaucon les canards deviennent si gras qu'il est impossible de les manger.

Vous trouvez cela bien étrange, un cheval dévoré par un canard! Voici bien une autre histoire, un lion dévoré par un homme! Ce lion, qui habitait le Jardin des Plantes, fut attaqué de la plus magnifique gale blanche qui se pût voir; il en mourut. Son gardien, qui s'appelait Bijoux, déjeuna et dîna de l'animal jusqu'à ce qu'il n'en restât pas un tendon. Un lion, un lion galeux encore, avalé et digéré tout entier par un homme! Or Bijoux vivrait encore s'il n'avait pas accompagné son gigot d'un pain chaud de huit livres, qu'il avait parié d'avaler dans un seul repas. Où nous mène l'ambition!

Pendant la Révolution les pauvres de Saint-Germain, ou, pour mieux dire, le peuple souverain de Saint-Germain-en-Laye, dévorèrent trois cents chevaux morveux. Les habitants de Vincennes ne furent pas moins avides du même régal, quelques hivers plus tard. Or, à Saint-Germain comme à Vincennes, pas un de ces intrépides mangeurs ne tomba malade de la morve ou du farcin. Dans le Gâtinais un bœuf malade est tué par un garçon boucher. Le garçon boucher, ayant mis son couteau entre ses dents, mourut cinq jours après d'une gangrène générale; le maître boucher, s'étant blessé au doigt avec une côte de l'animal, mourut au bout de sept jours; sa femme, qui avait eu du sang à la main, pensa mourir d'une tumeur; le chirurgien, après avoir ouvert cette tumeur, plaça sa lancette entre son crâne et sa perruque (singulier étui), et le crâne fut couvert d'un horrible érysipèle: eh bien! l'horreur! tout ce terrible bœuf fut vendu et mangé dans les meilleures maisons de la ville, et personne ne fut malade pour en avoir mangé.

Que de vaches mordues par des chiens enragés, dont nous buvons le lait et dont nous mangeons la viande! Mais revenons à l'emploi de notre cheval.

Après la viande et le sang on arrache les *issues*, la cervelle, la langue, les poumons, le cœur, le foie, les reins, la vessie et les intestins. Avec les intestins on fabrique de grosses cordes destinées au tourneur; la cervelle et la langue sont très-recherchées par certains gourmets; les intestins composent un engrais qui se vend, pris dans le clos même, de 6 à 9 francs le tombereau. Voilà ce qui vous explique l'horrible odeur qui s'exale des fraîches prairies de Pantin, de Noisy-le-Sec et autres lieux.

Après la peau et la graisse, la partie la plus précieuse du cheval c'est le tendon. Les tendons sont détachés de l'os avec le plus grand soin; il sont très-recherchés par les fabricants de colle-forte; il s'en fait un nombreux envoi au dehors. La graisse du cheval est rare, mais bien précieuse : il y a si peu de chevaux gras à Montfaucon! Aussi l'équarrisseur est-il d'une grande habileté à trouver de la graisse, même sur les plus secs cadavres. Pour avoir une noisette de graisse on dissèque souvent tout un cheval ; il faut huit heures pour enlever la graisse d'un cheval gras, une demi-heure suffit pour un cheval maigre. Cette graisse, à peine recueillie, est coupée par petits morceaux et fondue. La chaudière est chauffée avec de vieilles carcasses desséchées; un infect nuage de fumée s'exhale de cette chaudière en ébullition, qu'on écume à chaque instant, comme fait une bonne ménagère pour son humble pot-au-feu. L'huile de cheval est très-recherchée par les émailleurs; elle a remplacé avantageusement la graisse d'homme. Mais l'homme donnait bien plus de graisse que le cheval!

Restent les fers et les cornes. Les fers se revendent à la ferraille; ceux qui peuvent servir encore sont vendus au maréchal; les clous de ces fers sont envoyés en Auvergne pour garnir les sabots des paysans. De la corne on fait des peignes quand le sabot est bon; sinon, ce mauvais sabot est encore fort bon pour devenir du bleu de Prusse ou du sel ammoniac.

La carcasse du cheval était connue depuis longtemps comme très-propre à fabriquer de légères et solides murailles : la mode en a passé on ne sait pourquoi. Aujourd'hui, avec les os du cheval on fait des éventails et des couteaux d'ivoire; on les brûle en guise de bois de chêne; on est en train de les employer à faire du charbon animal.

Le fabricant de gélatine envoie chercher des os jusqu'au fond de l'Amérique. Les os, réduits en poudre dans un moulin *ad hoc*, donnent un engrais excellent.

Vous croyez que le cheval vous a tout donné quand il vous a donné tête et queue, sang et poumons, viande et ossements, graisse et tendons, corne et cuir? On en tire encore autre chose, des asticots. L'asticot, autrement dit le ver blanc, est une véritable récolte pour les laboureurs et agriculteurs de Montfaucon, et c'est une récolte dont ils prennent le plus grand soin. L'asticot, en effet, c'est l'espérance des pêcheurs à la ligne qui garnissent dans l'été les deux rives de la Seine; c'est la nourriture par excellence du faisan doré qui sert au plaisir des rois. L'asticot, grand Dieu! l'asticot, c'est le produit de trois espèces de mouches qui sont les abeilles de Montfaucon. On prépare cette précieuse récolte en étalant aux plus beaux endroits les intestins les plus fétides du cheval. L'abeille de Montfaucon vient s'abattre avec délices sur ces roses fraîches écloses : là elle dépose ses œufs, et, huit jours après, ce qui était intestin inerte devient une masse de vers qui se vendent à la mesure comme les petits pois en primeurs.

Les asticots qui ne sont pas vendus deviennent mouches : aussi voyez accourir à Montfaucon les hirondelles! Un jour, un pauvre homme qui était ivre s'étendit et s'endormit dans le parc aux asticots : les asticots pénétrèrent dans ses yeux, dans sa bouche et dans ses oreilles. Bijoux mange un lion à son déjeuner : un petit ver blanc gros comme un fil mange son homme à son dîner. Ce que c'est que de nous!

Vous croyez cette fois que le cheval a tout produit, et qu'enfin la société n'a plus rien à lui demander puisqu'enfin le voilà passé à l'état de mouche qui vole ou d'asticot qui rampe? Le cheval produit encore une foule innombrable de rats, espèce de grands asticots qui viennent en aide à l'équarrisseur. Le nombre de ces rats est incalculable : on en a tué plus de seize mille en un mois, et il n'y paraissait guère. Le rat est un terrible animal qui brise, qui dévore, qui ronge, insatiable, avide, effronté, impitoyable. Veut-il entrer dans une maison : il ronge le mur; n'a-t-il pas un mur à ronger : il mine la terre, il la sillonne dans tous les sens; ce sol leur appartient, ce n'est plus qu'un vaste souterrain où le sang tombe goutte à goutte et dont ils sont les maîtres et seigneurs. Il y a parmi ces rats de Montfaucon une aristocratie bien séparée de la populace, et qui a ses priviléges : les uns sont les maîtres de Montfaucon, ils y habitent, ils y vivent, ils y passent leurs nuits et leurs jours; les autres, moins favorisés du sort, et ne trouvant pas à se loger dans cette terre promise des asticots, du sang pourri et des charognes, s'en vont se loger où ils peuvent dans les faubourgs de l'infection. Chaque jour, à la même heure, ils accourent à la voirie, où les attend leur charogne quotidienne; quand ils sont repus ils s'en retournent; et leur nombre est si immense qu'ils ont laissé après eux la trace de leur passage, comme a fait l'armée d'Annibal dans les Alpes. D'abord, quand ils sont les maîtres d'agir, ils dévorent les yeux du cheval, puis la graisse, puis la rate. En hiver, quand le cadavre est dur, ils pénètrent dans le corps par un certain endroit; ils s'établissent là-dedans comme le rat dans son fromage de Hollande, et ils rongent. Les femelles mettent bas cinq ou six fois par an, elles portent jusqu'à dix-huit petits : calculez la somme ! Ils sont aussi voraces que féconds. M. Magendie en avait mis une douzaine dans une boîte : quand il ouvrit la boîte M. Magendie ne trouva plus que les deux queues des deux derniers rats; ils s'étaient dévorés les uns les autres.

Tels sont les habitants et les rois de ce beau domaine. On frémit quand on songe à ce que deviendrait Paris sans l'abattoir de Montfaucon, et l'on se rappelle malgré soi l'armée de Sennachérib. Quand l'été vient chauffer de son soleil ces morceaux de chairs pourries, d'intestins ouverts, ces amas de carcasses, cette mer de pus et de sang, ce peuple grouillant d'asticots et de rats, vous jugez des gaz terribles qui s'exhalent de tant d'immondices! Et pourtant, le dimanche, la foule se pare, la jeune fille met ses beaux habits ; on s'en va d'un pied léger gagner Pantin et Romainville; les prés Saint-Gervais se couvrent de dîneurs et de danseurs; et personne ne songe que toutes ces belles danses, tous ces repas innocents, toutes ces santés vivantes sont dominés et embaumés par Montfaucon !

A côté de cet équarrissage en grand, l'équarrissage des chevaux, il y a encore l'équarrissage en petit, l'équarrissage des chats et des chiens. La bonne ville de Paris contient un grand nombre de ces animaux, les délices de leurs maîtres et de leurs maîtresses : c'est la chasse la plus fructueuse des chiffonniers; quand ils n'en trouvent pas de morts ils en volent de vivants; chats et chiens, on les écorche. Ils sont en général bien plus gras que bien des chevaux : on prend leur graisse, on prend leur peau, on prend leurs pattes; leur chair passe de l'équarrissoir à la cuisine. Un bon chiffonnier doit toujours avoir à lui un chien qui lui rapporte toutes les charognes du fil de l'eau; c'est sa pêche, à lui, et c'est sa chasse.

— Eh! mon Dieu! allez-vous vous récrier, toutes ces émanations putrides nous vont couvrir de mille horribles maladies ! grâce à tous ces cadavres qu'on exploite, grâce à toutes ces infections qui nous entourent, à peine pouvons-nous espérer d'échapper à la corruption et à la pourriture ! — Rassurez-vous, bonhomme : il n'y a pas d'infection dans le monde. Vous voyez bien ce marchand de chiffons, cette hideuse créature entourée de toutes les ordures des rues, de toutes les immondices des ruisseaux ? C'est lui qui ramasse tous les trous et toutes les taches de la ville, il en lèche avidement toutes les souillures. Entrez chez lui, mettez-vous à sa table : le pot-au-feu a été fait à la lueur de vieilles savates ramassées dans les rues : il est aussi bon que s'il eût été *mijotté* pendant six heures au feu calme et doux de votre cheminée. Sur les bords de l'égout qu'on appelle la Bièvre on mange de la volaille très-fraîche, et du poisson très-frais qui n'est pas pêché dans la

Bièvre. Il n'y a pas un égout de Paris dont les exhalaisons aient corrompu une seule livre de viande, aient fait tourner une seule goutte de bouillon. Vous avez vu que la chair humaine sous la marmite faisait un aussi bon pot-au-feu qu'une savate. Les vidangeurs et les boyaudiers vivent très-bien à côté de leurs boyaux, à côté de leurs vidanges. Dieu soit loué!

Mais cependant, qu'est-il besoin d'aller chercher si loin ou si bas des égouts et des cloaques? chaque maison de Paris ne porte-t-elle pas dans son sein son égout et son cloaque? L'histoire des fosses d'aisances n'est pas moins digne d'intérêt que toute autre histoire de ce genre. Autrefois la fosse d'aisances laissait couler tout ce qui pouvait s'échapper dans les nappes d'eau environnantes : aujourd'hui c'est une citerne imperméable qui garde tout ce qu'on y jette; autrefois les lieux à l'anglaise étaient un luxe : c'est presque une nécessité aujourd'hui; autrefois le bain à domicile était une espèce de viatique médical : aujourd'hui le bain à domicile est une habitude ; c'est autant d'eau pour les fosses d'aisances. Vous croyez qu'il n'y a là-dedans rien qui doive inquiéter ? Voici ce qui doit arriver inévitablement : plus on jettera d'eau dans les fosses d'aisances, et plus souvent il les faudra vider, et plus souvent il faudra payer la vidange, et plus vous verrez les loyers renchérir. Il y a dans les fosses d'aisances, tout simplement, une chose que du reste on trouverait partout aujourd'hui, une révolution.

Nous avons vu tout à l'heure que Montfaucon est une horrible plaie qui déshonore la capitale des sciences et des arts ; mais Bondy n'est qu'à quatre lieues de Paris, et c'est là qu'on transporte seulement le quart du produit des fosses d'aisances. Ce transport coûte à l'administration 36,000 fr. par an, soit 144,000 fr. pour la totalité des vidanges ; et encore avez-vous pour ce travail le canal de l'Ourcq ; mais le public se plaint qu'on infecte son canal et demande un chemin de fer pour la vidange :

c'est un million qu'il faudra trouver! Quant à jeter ces matières dans l'égout comme on fait à Londres, ce serait perdre une masse énorme d'engrais dont l'agriculture ne saurait se passer. Comment faire?

— Il faut séparer les matières solides d'avec les matières liquides, répond la théorie.

— C'est difficile, répond la pratique.

Il y a bien cependant, entre autres moyens, les fosses mobiles, appareil qui se dérange et se déplace sans inconvénient et sans odeur. Avec ces fosses point de salpêtre, point de puits infectés, et la séparation la plus complète entre les deux objets en question.

Une fois séparés, que fait-on du solide? que fait-on du reste?

Creuser des puits absorbants, et envoyer le liquide bien loin sous terre se perdre dans une nappe d'eau au-delà de notre portée, dans la troisième, dans la quatrième nappe d'eau, la chose est facile, mais coûteuse. D'ailleurs n'avons-nous pas la Seine qui entraîne dans sa marche, d'une façon si complaisante, les liquides de Montfaucon? On a déjà calculé que la quantité d'eau qui passe dans la Seine est 9,600 fois plus grande que le volume des immondices parisiennes, et 30,710 fois supérieure à tout le liquide en question qu'on y pourrait jeter.

Mais, une fois séparées de ces eaux immondes, que deviennent les autres immondices? Le charbon se présente pour les désinfecter. Les propriétés désinfectantes du charbon sont connues, surtout du charbon animal. Ainsi, chose étrange! les ossements des charognes de Montfaucon, réduits en charbon, ont servi à désinfecter les fosses d'aisances! Mais ce moyen-là était encore trop dispendieux : on a trouvé un autre moyen qui va purifier toutes ces immondices à bien meilleur marché.

Du limon avait été déposé vers la Seine, un peu au-dessous de l'embouchure d'un grand égout : la disposition de cet égout fit penser à un savant observateur, M. Salmon, que ce limon devait contenir une certaine quantité de principes animaux et végétaux, et qu'il suffirait de calciner ce limon pour en développer la propriété désinfectante particulière au charbon. L'expérience fut faite, et elle réussit, et depuis près de quatre ans des masses énormes de matières fécales, recueillies dans tous les villages qui entourent Paris et dans Paris même, ont été desséchées et calcinées de cette manière.

Ainsi, déjà vous voyez que la chose se simplifie : il n'y a plus que du limon dans le monde. Or, comme une découverte entraîne toujours une autre découverte, le limon de M. Salmon donna à penser aux fermiers de Montfaucon, et ceux-ci finirent par découvrir que la tourbe carbonisée, la sciure de bois, le tan qui a servi à préparer les cuirs, l'argile même, étaient autant d'éléments d'une désinfection complète. A l'heure qu'il est, la désinfection s'opère par bateaux; la poudrette est une fabrication aussi facile et dont le débit est aussi assuré que celui du vin de Champagne.

Et M. Parent-Duchatelet a certes bien le droit de vous parler ainsi, car il a *goûté* de tout, il vous le dit lui-même; et maintenant faites le dédaigneux si vous l'osez.

Quel homme! quel courage! Il pénètre dans les plus horribles recoins de la ville, il s'inquiète de la moindre exhalaison putride, il s'entoure d'infections et de misères! Il a fait sur le bitume les mêmes recherches que sur les fosses d'aisances; il vous dira les principes qui s'en dégagent. Après le bitume viennent les huiles pyrogénées, et le goudron, qui provient de la houille distillée. Ceci est une histoire d'un intérêt véritablement dramatique. Payen, un grand chimiste qui est lui-même le père d'un grand chimiste, fut le premier qui prépara en grand le sel ammoniaque. L'huile pyrogénée, qui résultait de la distillation des os et autres matières animales avec lesquelles se fait l'ammoniac, Payen la jetait d'abord dans la rivière; mais cette huile flottait à la surface, mais elle encombrait les deux rives par une glu infecte, mais elle chassait bien loin les porteurs d'eau et les blanchisseuses, mais elle s'attachait aux filets de Saint-Cloud, dont elle arrêtait le service. Vives clameurs, défense à Payen de jeter son huile, ordre au contraire de la garder précieusement chez lui et sans qu'il en transpirât rien au dehors.

Payen, à qui la rivière était défendue (je le crois bien!), imagina de brûler son huile: il établit à cet effet une immense chaudière en fonte, et l'huile de brûler et de s'en aller en longs flocons noirs dans les airs; mais l'huile retombait bientôt en *neige noire* et infecte; elle couvrit d'un crêpe les moissons jaunissantes, elle tacha le linge étendu sur l'herbe jadis verte, elle fit des pâturages autant de plaines où l'on eût dit que l'encre avait poussé. Nouvelles réclamations du voisinage, défense à Payen de brûler son huile, comme on lui avait défendu de la jeter à l'eau.

Lui, qui ne se tenait jamais pour battu, fit construire alors un double quinquet de trente à quarante pieds d'élévation; de gros morceaux de coke servaient de mèche : par ce moyen la fumée fut dévorée. Mais l'appareil, après avoir brûlé quelques jours, se trouva si fort engorgé de charbon et d'huile épaissie qu'il fallut y renoncer.

Alors Payen creuse un puisard, et il enfouit dans la terre cette huile terrible dont il ne peut se débarrasser ni par l'eau ni par le feu. D'abord le puisard fit merveilles; mais un jour l'eau baissa, l'huile rentra dans la rivière. Nouvelles clameurs, ordre de combler le puisard.

Que fait Payen? Il quitte le bord de la rivière, il transporte son puisard dans les terres, il lui donne une très-grande largeur, il le conduit jusque sous la seconde nappe d'eau. L'huile coule à flots pendant six mois dans ce nouveau puisard, et personne ne se plaint encore. Tout à coup le puits de Payen est infecté; un mois plus tard il infecte le puits voisin; le même accident arrive à tous les puits d'alentour. A chaque puits nouvellement infecté Payen était forcé d'acheter le puits, la maison et les terrains environnants. Son huile s'étendait comme une tache dans toute cette circonférence; et il ne savait plus que devenir lorsqu'il mourut, laissant à son fils son nom, son talent et ses travaux.

Ce fils, jeune homme de persévérance et de courage, imagina de se délivrer par le feu de cette huile souterraine. Il jeta dans le puisard quelques charbons enflammés. Soudain le feu éclate, une colonne de flamme sortie de l'intérieur du puisard s'élève à quarante pieds avec un bruit épouvantable; la terre trembla, le volcan était terrible. Vous jugez des cris d'effroi! Il fallut encore souffler sur cette flamme, qui était pourtant une dernière chance de salut.

Cependant cette fois encore, le fils de Payen, semblable à son père, ne s'avoua pas vaincu. De nombreux établissements venaient de s'établir en France pour la confection du gaz hydrogène carboné. Payen imagina de tirer du gaz de son huile pyrogénée; et en effet il tire de son huile animale autant de gaz que de l'huile de colza. Son gaz contient plus de carbone; il renferme un atome d'acide hydrocyanique qui donne à la flamme plus d'éclat et d'intensité. Voilà donc ces terribles huiles qui vont produire la lumière la plus brillante après avoir été si longtemps un fléau sans remède! Telles sont les conquêtes de la science; elle est bien admirable quand on l'étudie ainsi! et nos plus grands faiseurs de drames modernes sont bien peu de chose, comparés à un homme comme Payen.

Un autre jour c'étaient les tripes de bœuf qui attiraient la sérieuse attention de Parent-Duchatelet; un autre jour il agite cette question, à savoir si l'on peut nourrir les porcs avec du cheval ; un autre jour il s'inquiète des comptoirs des marchands de vin. L'été arrive : il analyse, il prend sous sa protection toute-puissante les eaux dans lesquelles le cultivateur fait rouir le chanvre; il passe de là à l'influence du tabac sur la santé des ouvriers; il se demande pourquoi tant d'ouvriers à Paris sont infectés d'ulcères. Rien, en un mot, qui échappe à cette philanthropie studieuse, éclairée, courageuse, admirable, et dont la ville de Paris ne s'est peut-être jamais doutée, l'ingrate qu'elle était!

Mais le plus grand effort de Parent-Duchatelet, son plus rude travail, sa tâche la plus pénible et la plus méritoire, ce n'est pas d'avoir visité les égouts et étudié jusqu'à leurs odeurs; ce n'est pas d'avoir navigué dans les boues infectes de la Bièvre, ce n'est pas d'être descendu dans tous les cloaques pour en analyser toutes les immondices, ce n'est pas d'avoir étudié, dans le sang et dans le pus qui les souillent, les amphithéâtres de dissection et les lacs empestés de Montfaucon, cet horrible charnier; ce n'est pas d'avoir suivi, depuis nos fosses d'aisances jusqu'à Bondy, les horribles matières que recèlent nos maisons; ce n'est pas même d'avoir été chercher sur la terre nue de la tombe, où ils étaient à moitié ensevelis, les cadavres de ces héros de juillet morts sans sépulture, enterrés sans honneurs; non, rien ne l'a abattu, rien ne l'a étonné, rien ne lui a fait peur à cet homme de courage; il était soutenu dans son cœur par cette ferme volonté qui vient d'en haut; seulement, quand, par la force même de son dévouement et de cette obstination chrétienne à pénétrer dans le secret de toutes les infections humaines, il se trouva en présence de cet immense, pestilentiel et dévorant égout de la prostitution parisienne, cloaque dont la fange ne saurait être lavée, oh! alors, pour la première fois, Parent-Duchatelet hésita; le cœur lui manqua pour la première fois, mais non pas le dévouement. — Faut-il donc entrer là-dedans aussi, ô mon Dieu! moi le chrétien, moi le père de famille, moi qui ne suis jamais entré que dans les égouts et dans les cloaques que l'honnête homme avoue! — Ainsi il hésita long-temps; mais enfin, le devoir le voulait : il entra donc tête levée dans ce dernier cloaque, et il écrivit son histoire *de la Prostitution dans la ville de Paris*.

ALBERT DURER.

J'ai entrepris d'écrire la biographie d'Albert Durer et de quelques autres grands artistes allemands; je veux que ce soit là un travail très-simple et très-naïvement écrit, si je puis. Je suis las d'inventer des histoires, et bien las d'arranger de longs incidents romanesques. Revenons à la vérité tout de suite; aussi bien c'est toujours là, quoi qu'on fasse, qu'il faudra revenir.

Plusieurs raisons m'ont poussé d'ailleurs à

ce nouveau genre de pensée et de travail. J'y ai d'abord été engagé par le charme naturel qui se rencontre toujours à la contemplation de ces belles vies d'artistes si pleines d'intelligence, de zèle, de piété, de probité sévère et de stoïcisme domestique. La vie de pareils hommes, tout entière consacrée au génie, au travail et à la pauvreté, ces trois compagnons presque inséparables, porte avec elle un intérêt si grand que l'on ne conçoit pas que ces hommes à part n'aient pas eu leur Plutarque naïf, ou tout au moins leur Thomas boursouflé. Comment ils ont échappé, je ne dis pas à l'oraison funèbre, ces grands hommes trop pauvres pour cette solennelle consécration, mais seulement à l'éloge académique, cette oraison funèbre des poëtes, je l'ignore. Toujours est-il que c'est là pour la critique un terrain vierge et tout neuf, admirablement disposé pour produire quelques belles pages; il s'agit seulement de savoir défricher le terrain.

L'autre motif de ces essais sur l'histoire de l'antique Allemagne m'a été donné par mon ami si honorable et si bienveillant, le statuaire David, le même grand artiste qui est allé en Allemagne tout exprès pour y faire la tête de Goëthe, l'homérique vieillard; c'est David qui m'a poussé le premier à écrire ces très-courtes notices; c'est même lui qui m'a apporté d'Allemagne deux précieux petits volumes de matériaux inconnus et inédits, dont j'ai tiré tout le parti qu'il m'était possible de tirer. Prendre chez nos voisins ce qui est à notre portée, c'est un droit que personne ne conteste à l'écrivain, et dont je suis sûr que, pour ma part, vous ne vous plaindrez pas.

C'est dans l'ouvrage en question que j'ai trouvé les espèces de mémoires biographiques qu'Albert Durer a écrits sur sa famille et sur lui-même. La simplicité touchante de ces paroles, écrites sur les feuillets et sur les marges blanches d'une Bible en langue latine, sont, à mon sens, d'un grand effet, qu'on ne saurait comparer à nul autre. Albert s'y montre ce qu'il était en effet, pieux et bon, résigné et laborieux, pensant plus à Dieu qu'à la gloire, et malheureux sans se plaindre, dans l'espérance d'un monde meilleur. Ce mélange de religion et de poésie, cette humilité chrétienne jointe à tant de génie, ce sont là les principaux caractères de l'art allemand. L'art allemand, quelle qu'ait été sa croyance, a toujours été soutenu par une croyance; la piété, la modestie, l'abnégation de soi-même, l'amour de ses enfants et du foyer domestique, la fidélité aux serments, la constance dans les travaux et dans la pauvreté, voilà l'artiste allemand des siècles primitifs. Mais écoutons parler Albert Durer :

« Moi, Albert Durer, le second fils, j'ai rassemblé avec respect toutes les notes écrites « par la main de notre père, dans lesquelles « le bon père a écrit soigneusement toutes les « particularités de sa vie : d'où il est venu,

« comment il est venu ici, comment il y a « vécu et comment il a élevé sa famille, et « ainsi de suite jusqu'à sa mort bienheureuse. « Que la grâce de Dieu soit avec mon père et « avec nous! *Amen.*

« L'an 1524, mon père, Albert Durer, l'aîné « de la famille, vint au monde dans le royaume « de Hongrie, non loin d'une petite ville « nommée Jula, huit mille au-dessous de War- « den, dans un village médiocre nommé Ey- « tas. Les parents de mon père étaient primi- « tivement nourrisseurs de bœufs; aussi ils « élevaient des chevaux; mais mon grand-père, « le père de mon père, nommé Antoine Du- « rer, avait appris à Warden le métier d'or- « fèvre; à Warden aussi il avait épousé une « jeune fille nommée Élisabeth, dont il avait « eu d'abord ma bonne tante Catherine, et « ensuite trois fils, mes deux oncles et mon « vénérable père, Albert Durer, qui fut orfèvre « comme son père, et comme lui homme de « beaucoup de mérite et de sobriété. Mon

« cher père, toujours poussé par son ambition « de bon ouvrier, passa plus tard en Allemagne, séjourna longtemps dans les Pays-Bas, « dans la compagnie et l'imitation des grands « maîtres; puis enfin il passa et se fixa à Nuremberg, où il arriva le jour de Saint-Loze, « en 1455. Ce même jour-là Philippe de Birkheimer célébrait ses propres noces dans la « citadelle, et faisait danser ses amis sous les « grands tilleuls. Mon père était des amis de « Birkheimer. De ce maître, mon père Albert « passa sous le vieux et vénérable Jérôme Heller, qui enfin, le voyant habile et honnête, « lui donna en mariage sa fille Barbara, jolie « et blanche Allemande de quinze ans, une « vierge belle et svelte qui devint notre mère. « Leurs noces furent célébrées huit jours avant « la Saint-Guy. C'était là une femme d'un « bon cœur et d'un beau sang; elle était parente, par sa mère, nommée Cunégonde, de « Vellinger de Weissemberg. Du mariage de « mon père et de ma mère naquirent les en-

« fants suivants, comme mon père l'a consi-
« gné dans son livre par écrit. »

Ici viennent, par ordre de leur naissance, les noms des onze enfants, les noms de leurs parrains, le jour de leur naissance, et une suite d'observations et de remarques toutes paternelles. Voici comment le père d'Albert enregistre la naissance de son fils.

« *Item* en 1471 après Jésus-Christ, dans la
« sixième heure du jour de Saint-Prudent, le
« vendredi même de la semaine sainte, ma
« chère femme accoucha de mon second fils,
« dont le parrain a été mon excellent ami
« Antoine Koburger, qui lui a donné mon pro-
« pre nom, *Albert*, dont je le remercie. »

Ici suivent encore les noms de quinze autres enfants, frères ou sœurs, les noms de leurs parrains et marraines, la courte histoire de leur vie, leurs maladies, leurs chagrins et leurs plaisirs. Rien n'est touchant comme de voir cet artisan allemand, si honnête et si pieux, accepter avec une grande reconnaissance cette nombreuse famille, et s'en occuper avec tant de minutieux détails. Quand Albert Durer a nommé, après son père, tous ses frères et sœurs, il reprend son histoire en ces mots :

« De toute cette grande famille, hélas ! bien « peu sont restés debout. De tous mes frères « et de toutes mes sœurs il ne reste plus que « nous trois qui vivons encore, et qui vivrons « tant qu'il plaira à Dieu, à savoir : moi Al- « bert, André mon frère, mon frère Jean. « Voilà tout ce qui reste des enfants de mon « père ; les autres sont morts, les uns dans la « fleur de l'âge, les autres tout petits enfants « morts au sein de leur mère, qui pleurait les « voyant mourir. A ces causes, et pour d'au- « tres raisons de pauvreté et d'indigence, la « vie de mon père a été bien triste, et bien « malheureuse, et bien couverte de nuages. « Pendant toute sa vie il n'a jamais eu pour « lui, pour sa femme, pour ses enfants que le « plus strict nécessaire, un pain dur et noir ar-

« rosé de sueur et gagné à la main; le pauvre « père! Ajoutez à cela toutes sortes de tribu- « lations, et des adversités de tout genre, et « mille tentations; mais c'était un vrai chré- « tien celui-là, paisible et doux, et soumis à « la Providence, bon et modeste avec tous, « qui est mort en regardant le ciel, qui est « dans le ciel à présent. Toute sa vie a été « uniforme et grave, entrecoupée de peu de « joie mondaine, solennelle et silencieuse. « Il voyait peu les hommes, parce qu'il n'était « pas heureux; cependant, comme il les ai- « mait au fond du cœur, il en était aimé. »

Je ne sais pas que jamais un fils ait fait de son père une oraison funèbre plus simple et plus touchante. Cette admiration profonde, ce respect si bien senti, cet amour dévoué, c'est là, mon Dieu! un beau spectacle! un enfant, homme de génie, qui pleure sur la tombe de son père, homme de bien, c'est là un beau spectacle! Moi je trouve un charme inexprimable et plein d'émotions à ces chastes et graves récits.

Albert continue son histoire en ces termes :

« Ce cher père avait eu grande attention, « en son âme et conscience, d'élever ses en- « fants à la gloire et dans la crainte de Dieu ; « car c'était là sa plus grande ambition : bien « élever sa famille. Voilà pourquoi il nous « exhortait chaque jour à l'amour de Dieu et « du prochain ; après quoi il nous apprenait « à aimer ce qui était beau ; l'art était notre « seconde adoration. Il s'attacha surtout à « moi, me voyant appliqué et plein de zèle. « Il m'envoya à l'école de bonne heure ; et, « quand je sus lire et écrire, il m'envoya en « apprentissage chez un orfèvre. Je restai là « assez longtemps à travailler ; mais je me « sentis à la fin plutôt un peintre qu'un orfè- « vre. Je priai donc mon père de me permettre « d'être un peintre. Lui d'abord fut bien mé- « content de ma demande, et il eut fort regret « du temps que j'avais perdu chez mon orfè-

« vre. Toutefois, après quelques refus, mon « père céda, et le jour de Saint-André, en « 1486, il me plaça dans l'atelier de Michel « Wolfmut. Chez maître Michel Dieu m'ac- « corda une grande application, et je fis de « grands progrès, au dire de mon maître, et « malgré les grands chagrins que me cau- « sèrent mes camarades. Quand mon appren- « tissage fut fini mon père m'envoya à l'é- « tranger, dans ce chaud pays bleu de ciel, « l'Italie. »

C'est ainsi qu'Albert Durer raconte sa vie et celle de sa famille depuis la mort de son père jusqu'à la mort de sa mère, qu'il a soignée fidèlement et avec toutes sortes de respects. La pauvre femme mourut après une longue et douloureuse maladie, en bénissant son fils.

Mais ce qu'Albert Durer ne dit pas, c'est le grand et l'ample génie qu'il déploya tout d'abord, c'est le succès qui lui vint, à lui jeune homme; ce qu'il n'a pas dit, c'est que chez son premier maître, l'orfèvre, il s'était déjà fait une grande réputation dans ces petits ouvrages si ingénieux et si finis qui faisaient les délices de cette époque. Rien n'égale en effet la richesse, et le fini, et le dessin de l'argenterie du 15e siècle. L'argenterie était la gloire des rois et des pontifes; ils en étaient heureux et fiers comme une femme est heureuse et fière des diamants de son écrin; ils les étalaient dans la place la plus apparente de leur palais; il en tiraient vanité comme de leurs provinces. L'orfèvrerie, art perdu chez nous et réduit à des dimensions toutes bourgeoises, réalisait dans ce temps-là toutes les descriptions du bouclier d'Homère; c'était un art complet, compliqué, minutieux, savant, plein d'élégants caprices et de spirituelles bizarreries; toute la coquetterie de l'époque se résumait dans son orfèvrerie. Lorsque Albert Durer quitta l'officine de l'orfèvre pour l'atelier du peintre, il était déjà très-habile dans l'art de ciseler des figures en relief; les grands connaisseurs et les hommes riches du temps avaient déjà fort applaudi une *Passion de Jésus-Christ* exécutée en relief, et formant sept tableaux d'un goût merveilleux. Voilà ce qu'Albert Durer ne dit pas.

Ce qu'il ne dit pas non plus, cet excellent homme, si expansif et si admirablement bavard quand il faut parler de son père ou de sa mère, et leur donner ce tribut d'éloges pleins de respect, c'est le malheur qui lui arriva, au milieu de ses succès, d'épouser une femme très-méchante et très-acariâtre, et dont le caractère inégal a désolé sa vie. Dans ce temps-là, où la vie de famille était la seule qui convînt à l'artiste, dans ce temps-là où la paix, le calme, les joies simples et faciles, les plaisirs de la table, le foyer de l'hiver, le frais de la porte en été, la verdure du petit jardin, le bruit de la basse-cour, l'éclat de la vaisselle d'étain pompeusement étalée sur le buffet en noyer, l'ordre du garde-manger et la symétrie de la cave, et, en un mot, toute l'admirable vie domestique était tout pour l'artiste, ou tout au moins la moitié de son talent, il fallait à ces êtres à part une bonne femme ; c'était là pour eux une condition presque aussi indispensable de bonheur que le génie. Les mœurs simples et douces, l'égalité d'humeur, la sérénité de l'âme, le sourire qui encourage ou qui console, l'attention prévenante dans cette foule de petites et cruelles maladies qui poursuivent les hommes d'une haute intelligence et d'une sensibilité nerveuse : voilà ce qui manqua tout à fait à notre Albert. Sa femme était belle, mais égoïste, impérieuse, mécontente. Cette femme était la fille de Franc-Frey; il l'avait donnée en mariage à Albert quand Albert fut de retour de son premier voyage dans les Pays-Bas. C'était alors le meilleur jeune homme de l'Allemagne, simple de cœur et d'esprit, passionné et naïf, enthousiaste et savant. Il avait beaucoup profité de l'exemple et de la conversation des grands peintres ; entre autres, Martin Schoen et Israël de Malin lui avaient accordé leur bienveillance toute-puissante. A son retour dans la maison paternelle, Albert était tout aussi bon, tout aussi pur, tout aussi ignorant des vices qu'à son départ de Nuremberg. Le dessin qu'il fit, selon l'usage, pour être reçu parmi les maîtres, excita une admiration profonde et générale; on admira surtout le paysage du fond. Ce dessin représentait Orphée déchiré par les Bacchantes. Ce fut ce dessin-là pourtant qui décida le père d'Agnès Frey à donner sa fille à Albert Durer; triste présage de la destinée du nouvel époux!

Toutefois les malheurs domestiques de notre honnête artiste allemand n'arrêtèrent pas son essor. Si l'on compare le nombre d'années qu'Albert Durer a vécu avec le nombre de ses ouvrages qui nous restent, si l'on réfléchit à la quantité de ses ouvrages que nous avons perdus depuis tantôt trois siècles, le travail et le zèle du noble artiste n'exciteront pas moins notre admiration passionnée que l'excellence même de ses œuvres, dont quelques-unes annonçaient un digne rival de Raphaël et de Jean Van Eyck.

En effet ce qu'il a produit est à peine croyable. Albert Durer, en moins de quarante ans qu'il avait passés à côté d'une femme acariâtre, lui, bon homme d'une âme si ouverte et d'un esprit si distingué, a laissé une collection infinie de gravures, de portraits, de dessins, de tableaux de tous genres. Les plus intrépides et les plus habiles connaisseurs ne sont pas parvenus à faire une collection complète d'Albert Durer. Déjà, dans la première moitié du 17e siècle, il était difficile de dire au juste le nombre des feuilles encore existantes gravées par lui sur le bois, sur le cuivre, quelques-unes à l'eau-forte, sur le fer, quelques-unes même légèrement et capricieusement dessinées à l'aiguille sur l'étain; car c'était un infatigable chercheur de procédés nouveaux, et il tendait à la perfection de toutes ses forces. Sandrart portait à trois cent douze le nombre de ses gravures sur bois seulement, sans comprendre dans son compte le grand arc de triomphe de l'empereur Maximilien. Quant aux gravures sur cuivre, le même Sandrart en compte jusqu'à cent six qui lui avaient passé par les mains. Et combien de dessins à la plume et au crayon sont enfouis dans les cartons des connaisseurs, et combien de christs, saints et saintes de la Légende, sculptures sur bois et sur ivoire, caprices de tout genre, improvisations de toutes les heures, que l'Allemagne et l'Italie conservent avec la vénération due aux saintes reliques! Ses tableaux, presque tous de haute dimension et riches en figures, sont encore la gloire d'une foule de collections publiques et privées, sans compter tout ce qui s'est perdu par le temps, par la guerre, par le feu et surtout par l'ignorance, le pire de tous les fléaux dans les arts.

Tous les sujets, tous les lieux, tous les temps, tous les hommes convenaient à cet inépuisable génie. Ce qu'il a tiré de la Bible et ce qu'il a fait avec ce grand livre, qui a suffi à tant de monde pendant dix-sept fois cent ans, est incroyable. Vous avez vu cette belle gravure en cuivre, *Adam et Ève :* Ève et le serpent, et l'arbre de vie, et le fruit fatal, comme cela est éclairé et pur ! Puis, après la Bible, l'Évangile, *la Nativité* : la Vierge adore son enfant ; vous voyez l'étable, vous voyez la cour, et, au fond de la cour, saint Joseph tirant l'eau du puits ; puis bientôt cette belle suite de gravures, histoire touchante que son auteur a appelée lui-même *l'homme des douleurs :* c'est toute la Passion de Notre Seigneur vivement et énergiquement représentée, et encore quelle variété et quelle puissance d'imagination, grand Dieu ! dans les représentations cruelles de toutes ces douleurs ! Puis, après l'histoire du Christ, l'histoire des apôtres : *saint Pierre et saint Jean guérissant les boiteux à la porte du temple ; sainte Anne et la jeune Vierge :* Anne, debout à la gauche de l'estampe, touche de ses mains la tête de la petite sainte Vierge, qu'une femme en cheveux flottants tient dans ses bras; Dieu le Père et le Saint-Esprit paraissent dans une gloire, attendant Dieu le Fils. Morceau rare et charmant.

Puis bientôt la Vierge grandit. Après avoir fait la Vierge enfant, Albert fait *la Vierge à la couronne d'étoiles*, puis *la Vierge au sceptre*, *la Vierge aux cheveux en bandelettes*, *la Vierge allaitant l'enfant Jésus*, *la Vierge assise*; toujours la Vierge, toujours elle revient dans les œuvres, dans la pensée, dans l'âme d'Albert Durer. Je ne crois pas qu'il y ait jamais eu une consécration plus puissante que la consécration donnée par l'art et par tous les artistes du monde à la sainte Vierge, la plus chaste et la plus heureuse création du christianisme : jeune fille qui a toutes les grâces de la maternité, jeune mère qui a toute la pureté de la jeune fille. Albert Durer lui a voué un culte, un zèle ardent, infatigable; il

[library stamp]

l'a montrée allaitant son enfant, cinq fois; il l'a montrée *couronnée par un ange;* il l'a montrée *couronnée par deux anges;* il a fait *la Vierge assise, la Vierge assise au pied d'une muraille, la Vierge à la poire, la Vierge au songe, la Vierge au papillon, la Vierge à la porte.* Quelle sainte, quelle ingénieuse, quelle admirable litanie que celle d'Albert Durer!

Après avoir passé de la Bible à l'Évangile, il passe de l'Évangile aux histoires de la Légende. Heureux les saints que protége Albert! *Saint Philippe, saint Barthélemi, saint Thomas, saint Simon, saint Paul, saint Christophe,* deux fois; *saint Georges à pied, saint Georges à cheval, saint Sébastien attaché à un arbre, saint Sébastien attaché à une colonne, saint Eustache, saint Antoine, saint Jérôme, saint Jérôme dans sa cellule, saint Jérôme en pénitence, saint Jérôme à genoux.* Voilà un des saints favoris de Durer. Dans le nombre de ces saints il n'y a que deux femmes, *sainte Geneviève* et *sainte Véronique;* Albert Durer avait épuisé tout son génie pour la Vierge; il n'a vu dans tout le christianisme des femmes que la Vierge, elle résume toutes les autres femmes pour lui.

Et notez bien que la plus grande variété se retrouve toujours dans ces gravures dont le sujet paraît au premier abord si monotone. Ce sont tous des saints, il est vrai, ou des vierges; mais si c'est toujours la même foi, le même sentiment, le même instinct gracieux ou inspiré, ce n'est jamais la même attitude, ce n'est jamais le même paysage, ce n'est jamais la même cabane, le même sol, le même ciel, la même heure du jour. Le vieux judaïsme et le jeune christianisme marchent côte à côte dans ces compositions sans nombre, sans jamais se contredire, sans se ressembler jamais. Tout le monde connu y passe : les villes, les champs, la Judée, l'Allemagne, les cabanes, les palais, les déserts, le temple romain; la Légende n'a pas plus de grâces, plus d'imagination, plus de variété.

Que si notre Albert passe du sacré au profane, du christianisme à la mythologie, cette chose qui fut aussi une religion et une croyance raisonnable à force d'art et de poésie, à force de temples, de tableaux et de beaux vers, vous retrouvez encore et toujours les deux qualités bien distinctes de notre peintre, fécondité, variété. *Le Jugement de Pâris* est la première de ses planches profanes : les trois déesses sont belles et nues ; le beau Pâris est remplacé par un grave vieillard qui tient la pomme d'or de la main gauche ; dans le fond vous voyez des montagnes chargées de fabriques, comme cela convenait au graveur de Nuremberg, qui confondait souvent la Grèce et l'Allemagne, Athènes et Nuremberg. *Le Jugement de Pâris* est un des morceaux les plus rares et les plus finis d'Albert Durer.

Une chose charmante c'est *la Sorcière* : elle va au sabbat ; elle est montée à reculons sur un bouc dont elle tient la corne de la main gauche ; elle est suivie de deux petits malins génies qui portent ses torches et son mortier.

Cela est vif et plein de caprice et d'esprit.

Appollon et Diane; la Famille du Satyre, très-belle forêt; *cinq études de figures; l'Enlèvement d'Anymone; le Ravissement d'une jeune femme*, gravé à l'eau-forte sur une planche de fer; *l'Effet de la jalousie; la Mélancolie*, belle femme qui est tristement assise entre un polygone, des balances, un sablier, une cloche et autres instruments à l'usage des méditations de l'esprit; quatre femmes nues qui s'écrient : O. G. H., c'est-à-dire *o goth hilf* (ô Dieu! secourez-nous); *l'Oisiveté; la grande Fortune; la petite Fortune; la Justice; le petit Courrier*, l'épée au côté; *le grand Courrier*, qui tient le fouet d'une main et la bride de l'autre, morceau très-rare et qui n'est pas signé; *la Dame à cheval*, suivie d'un hallebardier à pied; *le Paysan et la Femme* : le paysan est furieux et lève le poing, la femme est douce, résignée et charmante, morceau fini qu'Albert aura exécuté après une violence de sa femme, innocente consolation de ses chagrins domestiques; *l'Hôtesse et le Cuisinier; l'Oriental et sa Femme* : l'homme d'Orient est debout, il n'a qu'une femme, et cette odalisque unique tient à la main ses petits enfants comme ferait une Allemande de Francfort; *les deux Paysans* : l'un tient une épée, l'autre porte au bras un panier plein d'œufs; *l'Enseigne* : sur l'étendard sont les armes du duc de Bourgogne; *le Paysan du marché; le Branle; le Joueur de Cornemuse*, mollement assis au pied d'un arbre, un des morceaux les plus exquis de l'œuvre d'Albert; *le Violent* : c'est un homme très-sec qui bat sa femme (il fallait que notre Albert eût été bien maltraité par la sienne ce jour-là); *les Offres d'amour* : un vieillard qui a de l'or et une jeune fille qui est belle, traduction de ce triste mot d'Hésiode : *L'amour, fils de la Pauvreté; le petit Cheval* : le cheval sans selle et sans bride, le cavalier sans éperons, et un papillon sur le cimier de son casque (on dirait qu'Albert Durer se moque, trois cents ans à l'avance, de l'école de David); *le grand Cheval* : ce cheval n'a pas de selle, mais cette fois il a une bride; *le Cheval de la Mort :* il y a un cavalier sur un beau cheval, la Mort est montée sur un méchant cheval, et elle va aussi vite que le beau cheval (le fond de la gravure est sec et froid; c'est une des gravures les plus soignées qu'ait faites son auteur); *le Canon; les Armoiries au coq; les Armoiries à la tête de mort;* telles sont les gravures profanes d'Albert Durer ; et, dans celles-là comme dans les autres, c'est toujours la même profusion gracieuse et abandonnée d'esprit, de drame, de passion, de dessin et d'intérêt.

Si vous passez de ses gravures en cuivre à ses gravures en bois, vous trouverez à peu près les mêmes sujets tirés de la Bible : d'abord toute l'histoire de la Bible, Caïn, Samson, les trois Mages, Jésus-Christ et la Passion en douze pièces; puis la Passion en dix-sept pièces, *l'Apocalypse de saint Jean* en quinze pièces. *le Martyre de saint Jean l'évangéliste* en quinze pièces; puis surtout, et encore et toujours, *la Vierge*, dont il a fait la vie en vingt estampes, depuis sa naissance jusqu'à son assomption, *la Vierge* adorée par saint Jean, saint Paul, saint Antoine, sainte Catherine; *la Vierge* assise sur un banc de gazon; *la Vierge* assise, donnant le sein à l'enfant Jésus sur le bras gauche, à l'enfant Jésus sur le bras droit; *la Vierge* tenant l'enfant qui lit un livre; et, après *la Vierge* des saints et des saintes, *saint Christophe traversant l'eau,* trois fois : dans la première estampe l'hermite est dans le fond, dans la seconde l'hermite est sur le devant, dans la troisième Christophe traverse l'eau, mais il n'y a pas d'hermite. Viennent après *saint Coloman, saint Étienne, saint François, saint Georges, saint Jean l'évangéliste* et *saint Jérôme, saint Jérôme tout seul dans une grotte, saint Jérôme dans sa cellule, saint Jérôme à genoux,* au milieu de la planche, devant un crucifix et un livre ouvert; *huit saints,* patrons de l'Autriche, debout l'un à côté de l'autre; *le supplice* de dix martyrs de Nicomédie en Bithynie : on voit sur le devant du tableau un bourreau qui crève les yeux à un évêque qui est étendu à terre, trois évêques debout l'un à côté de l'autre, un saint confesseur qui se mortifie avec la discipline ; *le Martyre de sainte Catherine :* on voit encore derrière la sainte le bourreau qui va la décapiter ; *Sainte Madeleine transportée au ciel par les anges.* Arrivent ensuite d'autres sujets de piété : *la Sainte Trinité; saint Grégoire voyant Jésus-Christ pendant la messe; le Jugement universel*, dont on a des épreuves sans le chiffre de Durer ; *la Décollation de saint Jean-Baptiste :* à gauche est Hérodiade, l'infâme et jolie prostituée, qui reçoit la tête dans un plat. Comme pendant à cette gravure, l'artiste a fait encore *Hérodiade recevant la tête de saint Jean des mains de sa servante.*

Les sujets profanes ne manquent pas non plus : un *Hercule* assommant un homme armé de toutes pièces ; un *Bain* dans lequel on voit six hommes, un de ces hommes vide une coupe ;

une grande pièce de trois planches appelée *la Colonne*; *la Philosophie* assise sur un trône; *la Mort* présentant son sablier à un soldat qui est debout; un *Maître d'école*; *le Jugement de Pâris*, avec le même vieillard qui tient la pomme d'or; *un Homme et une Femme qui s'embrassent au pied d'un arbre*; dessin d'un rhinocéros apporté de l'Inde à Lisbonne en 1515, donné par le roi Emmanuel à l'empereur Maximilien Ier; *un Siége de ville*; un grand nombre d'armoiries : les armoiries impériales; les armes de la famille de Béhem; les armes de lui-même, Albert Durer : deux nègres supportent une banderole dans laquelle flotte son chiffre, son vrai titre de noblesse.

Voici, au reste, à quelle occasion notre cher Albert eut des armes; car je conçois bien que cela vous étonne de voir des armoiries au fils d'un orfèvre, au petit-fils du nourrisseur de bestiaux, cela vous étonne quelque peu. En effet, des armoiries à notre artiste, à quoi bon? Or voici comment cela tomba sur son nom. La chose est trop favorable à l'empereur Maximilien pour que je consente à ne pas la raconter.

Un jour que Durer dessinait quelques figures sur la muraille du palais de l'empereur Maximilien, l'Empereur ordonna à l'un de ses gentilshommes de tenir l'échelle sur laquelle se tenait le grand peintre et qui vacillait quelque peu. A cet ordre le gentilhomme hésite, et, se retirant en arrière, il fit signe à l'un de ses domestiques de tenir l'échelle, ce que voyant l'Empereur, il tint l'échelle lui-même; puis, quand Albert Durer en fut descendu, il le fit gentilhomme, je ne sais quoi, peut-être baron; il lui donna des armoiries, trois écussons d'argent, dans un quartier bleu, ma foi! ajoutant, et ceci valait tout le reste, qu'il pouvait faire tant de gentilshommes qu'il voudrait, mais que, dans tout son pouvoir, il ne ferait jamais un peintre comme Albert Durer; vérité médiocre aujourd'hui, mais proposition très-hardie dans ce temps-là, et qui eût étonné tout le monde, excepté Luther,

Outre ces innocentes armoiries Albert Durer a encore dessiné les armoiries de la famille de Kresen, de Kreseinstein et Krastshaf, les armoiries de la ville de Nuremberg : trois écus soutenus par trois génies ailés; les armoiries de Haler Saumer, prévôt des marchands, de Schewl et Gender, de Jean Stal, de Laurent Staïbe, plusieurs armoiries sans nom, et une foule d'autres gravures sur bois qui lui sont attribuées.

Mais le chef-d'œuvre de la gravure sur bois, peut-être le chef-d'œuvre d'Albert Durer, c'est l'*Arc de triomphe de l'empereur Maximilien Ier*. Cet ouvrage immense se compose de quatre-vingt-douze planches de différentes dimensions qui, jointes ensemble, forment un tableau immense de dix pieds et demi de hauteur sur neuf pieds de largeur. Cet ouvrage a été entièrement gravé d'après les dessins d'Albert Durer ; il est très-rare ; il a eu plusieurs éditions; on n'en connaît qu'un seul exemplaire de la première édition qui soit complet.

Vous croyez que c'est là tout? Oh! que non pas! S'il était graveur habile, c'était encore un très-grand peintre, le maître, le restaurateur, le père et le roi de la peinture en Allemagne : ses tableaux étaient aussi vrais que ses dessins, sa pensée était aussi ingénieuse que sa couleur était brillante ; il a peint un grand nombre de tableaux qui sont d'un fini précieux. On lui reproche de la raideur et de la sécheresse dans les contours, l'ignorance du costume et celle de la perspective ; il avait étudié avec soin l'architecture civile et militaire, dont il a laissé des traités.

Vous croyez que c'est là tout encore? Oh! que non pas! Cet homme-là, ce pauvre artiste allemand, ce simple graveur qui improvisait pour vivre tant de choses délicates et charmantes, ce haut baron fait au bas d'une échelle de peintre, et qui dut ses armoiries, comme Molière, à l'insolence d'un gentilhomme, a vécu pourtant, tel que vous le voyez, calme et bon homme avec les agitateurs, les réformateurs, les duellistes religieux et philosophiques les plus emportés de ce 16e siècle qui changea la face du monde. Je n'ai pas encore parlé des portraits d'Albert Durer, et cependant c'est là une singulière aventure dans la vie de cet homme de s'être trouvé face à face avec tous les pouvoirs de son temps, les pouvoirs les plus opposés et les plus divers, de les avoir tenus immobiles sous son regard ces hommes turbulents dont la parole était une torche brûlante, de les avoir tenus là, sous son regard, silencieux, soumis, obéissants, ces hommes qui ont parlé si haut dans le monde, qui se sont révoltés si fort, qui ont attaqué les premiers et sapé l'autorité dans le monde. Cela est étrange, n'est-ce pas? qu'ils soient tous venus demander un peu de son immortalité à notre artiste, eux, ces terribles immortels! Parlons donc des portraits d'Albert Durer.

Il en a fait d'abord d'assez insignifiants, des portraits d'hommes puissants qui n'étaient que puissants, et qui ont passé vite comme toutes les puissances : *Albert*, électeur de Mayence, avec ses armoiries surmontées d'un chapeau de cardinal; *Bilibad Pirkheimer*, sénateur de Nuremberg; *l'empereur Maximilien*, sous la vieille formule de la Rome impériale: *Imperator Cæsar divus Augustus; Ulrick Varnbuler; Jean*, baron de Schwarzemberg, entouré de seize écussons d'armes; et enfin son propre portrait, à lui, *Albert Durer*, entouré de son écusson, auquel il tenait apparemment ce jour-là.

Mais les deux portraits qui ont dû compter dans sa vie et l'étonner grandement, lui, cet homme si croyant, c'est d'abord le portrait d'Érasme; Érasme, cet anachronisme tout voltairien, jeté par mégarde, mais non pas perdu, dans le 16e siècle, sceptique autant que Voltaire, grammairien, philosophe, homme d'esprit, cachant son doute, ou bien le montrant avec de grandes précautions; Érasme, qui fut le cousin de Rabelais et l'aïeul de Fontenelle, que voulez-vous? Vous avez vu cette figure fine et malicieuse, et sensée comme tout ce qui est malicieux à coup sûr. Que dut penser Albert Durer voyant tout cela? quel tremblement inouï dut le prendre à l'aspect de cette puissance qui n'avait pas d'écusson, pas d'armoiries, pas de titres, et rien que ce nom-là, *Erasmus Roterodamus!* Ce qui vous donnera une idée de la prévoyance du savant docteur Érasme, c'est qu'il se fit peindre en même temps par Holbein et par Albert Durer. Le vœu d'Alexandre pour Apelle est plus vulgaire qu'on ne pense; c'est un sentiment qui existe au fond de tous les hommes qui croient à l'avenir: ne pas laisser une seule image de leur personne, ou la laisser grande et vraie, protégée, embellie, recommandée par le génie. Vanité, ou plutôt noble orgueil, bien pardonnable cette fois.

L'autre image tient encore de plus près à l'histoire de cette époque que l'image même du docteur Érasme. Cette autre image c'est celle de Philippe Mélanchton, le disciple bien-aimé de Luther. C'était le moment où la réforme soulevait le monde ; la réforme, le plus grand événement du monde depuis la venue du Christ ; Luther, un plus grand fait que Voltaire ou Mahomet ! Comme on devait parler de cela en Allemagne ! comme on devait prêter l'oreille à ces bruits, avant-coureurs d'une véritable révolution en Allemagne! Tous les réformateurs étaient partis de l'Allemagne, comme ils font encore aujourd'hui. Surtout cela épouvantait, cela occupait beaucoup Albert Durer. Ils parlaient souvent de la réforme, lui et l'ami de son cœur, Bilibad Pirkheimer, esprit avancé et ardent qui se prenait d'une passion singulière pour cette nouveauté si étrange, la non infaillibilité du pape ! la non toute-puissance de Rome ! Ils parlaient donc tout bas, le soir, Bilibad et lui, du moine Luther; ils lisaient tout bas, ils commentaient l'un et l'autre les prédications et les livres de cet homme qui, suivant l'expression de l'Écriture, *brûlait les âmes comme des torches ardentes jetées sur des gerbes de blé;* et c'était là un grand drame pour ces deux hommes, un drame dans lequel ils jouaient un grand rôle aussi. Longtemps ils prirent parti pour et contre; longtemps ils discutèrent la doctrine nouvelle, se croyant jusque-là de zélés catholiques, et ne voyant pas que s'abandonner à l'examen c'était déjà appartenir à Luther. Aussi ce qui devait arriver arriva : Bilibad Pirkheimer, homme sincère, même avec lui-même, trouva à la fin qu'il était convaincu ; il entra un des premiers dans ce schisme qui devait être si tôt la religion nationale des Allemands. Pour Albert Durer, il lui arriva ce qui devait lui arriver : il fit comme tant d'autres bons esprits, et, voyant quelques-uns s'arranger un christianisme à leur taille, il obéit à sa nature en rassemblant à son usage tout ce qu'il y avait de poésie dans la réforme, restant pour tout le reste catholique et dévoué au saint-père; et c'était déjà beaucoup pour le Vatican, qui était dépassé.

Figurez-vous donc quel dut être l'étonnement d'Albert Durer quand il se trouva, le crayon à la main, en présence de Philippe Mélanchton, l'ami, le confident, le disciple incarné de ce terrible Luther! Mélanchton, qui sert de voile à Luther comme saint Jean à Jésus-Christ, qui en est comme lui le reflet gracieux et mélancolique, la partie matérielle et saisissable, qui fait par instinct ce que le maître fait par inspiration, par humanité ce que l'autre fait par ambition, calmant son maître quand son maître est en colère, relevant ceux qu'il écrase, encourageant ceux qu'il désespère; Mélanchton, le plus grand bonheur de Luther, après la corruption de Rome cependant et l'insolence monacale. Durer vit donc Mélanchton face à face; et, le voyant si doux et si beau, et le visage si empreint de cette fatalité inexplicable qui révèle toutes les grandes âmes, Albert Durer devait se demander si c'était bien là en effet l'ami de Luther, l'écho de Luther, son envoyé dans le monde, ses douze apôtres à lui tout seul, l'homme sur le sein duquel se reposait Luther. Que de chrétiens n'ont cru à Jésus-Christ qu'après avoir adoré la Vierge! que de réformés n'ont cru à Luther et brisé les images qu'après avoir élevé dans leur cœur une statue à Mélanchton!

Albert Durer a donc fait aussi le portrait de Mélanchton, de Philippe Mélanchton. Quant au portrait de Luther, de Martin Luther, cela aurait fait encore une belle et bonne étude : quel front il devait avoir ce méchant moine qui a brisé le moyen âge, brisé la féodalité, brisé tous les pouvoirs de la terre, brisé le Vatican; qui a coupé en deux le christianisme, cette croyance dont l'unité était la force; qui a foulé aux pieds la tiare du pontife, la robe rouge des cardinaux, et la robe brune et non moins superbe des moines; qui, depuis qu'il parut dans le monde, n'a pu être vaincu ni par le Pape, ni par l'Empereur, ni par le duc d'Albe, ni par Charles IX, ni par Bossuet, ni par Pascal; météore lumineux qui tonne en tombant, devant lequel Charles-Quint pâlit, François Ier espère, et qui sert de consolation et de protection à Henri VIII dans ses nombreux mariages! Martin Luther, le moine qui a fait tomber sans le savoir la tête d'Anne de Boleyn, et qui apportait la sienne à tous les conciles sans la courber! Rien ne saurait se comparer à cette force. Albert Durer aurait été bien embarrassé, j'imagine, de reproduire tout cela avec son crayon si facile et si pur.

Mais ce moine sublime se contenta de confier au crayon d'Albert la tête chérie de Philippe Mélanchton; il garda la sienne pour lui-même; à lui seul il se reconnut le droit de se peindre. Nous avons encore le portrait de Martin Luther peint par lui-même, Martin Luther, couleur de bière, et dans un cabaret à bière sans doute, au moment où il venait d'écrire une de ses homélies, qui faisaient trembler *le vicaire de Rome au milieu de sa cour.*

Ceci n'est pas de notre sujet tout à fait : toutefois ceci peut servir à nous expliquer comment les meilleurs esprits de l'Allemagne adoptèrent avec tant d'ardeur les principes de la réforme. Le moyen en effet de n'être pas luthérien quelque peu le jour où l'on a fait et gravé le portrait de Philippe Mélanchton?

Revenons à la biographie pure et simple d'Albert Durer. Nous allons de nouveau le laisser parler lui-même; et ce sera tant mieux pour vous et tant mieux aussi pour moi.

En 1506 Albert Durer entreprit un voyage d'artiste à Venise. Il était seul, il était loin de sa femme ; et l'on voit dans ses lettres combien, si cette femme l'eût laissé faire, il eût été facilement un homme heureux, et comment son âme savait s'épanouir joyeusement hors des chagrins domestiques et sous la salutaire influence d'un beau ciel.

« Plût à Dieu, écrit-il à son ami Pirkhei-
« mer, plût à Dieu, mon frère, qu'il me fût

« donné de vous rendre un jour services pour « services, comme je vous rends amitié pour « amitié ! car je reçonnais que vous avez beau- « coup fait pour moi, et je m'en souviens « bien souvent au fond du cœur. Aussitôt que « le bon Dieu voudra me ramener chez moi « je vous rendrai bien fidèlement et très-exac- « tement le bon argent que vous m'avez prêté, « car je suis chargé de peindre un tableau « pour les Allemands, pour lequel je dois « toucher cent dix florins, monnaie du Rhin, « et qui ne me coûtera que cinq florins de « dépense. Il me faut huit jours pour la toile, « et quand tout sera prêt j'espère, Dieu ai- « dant, placer ce tableau sur l'autel un mois « après Pâques. Alors, Dieu aidant, j'aurai « cent florins à vous donner, mon ami, et « cinq à ma mère et à ma femme.

« Venise, le jour des Rois de l'an 1506. »

Sur ce tableau, payé cent dix florins, Durer avait représenté un *Saint Barthélemi* pour la confrérie des marchands allemands résidant à Venise. Il était placé sur le maître-autel de la petite église qui avoisine la maison Germaine à Venise; et plus tard, quand l'empereur Rodolphe en voulut faire l'acquisition, il fut obligé de le payer à l'église sept à huit fois ce qu'il avait coûté. Par les ordres de l'Empereur le tableau fut transporté, à dos de soldats, de Venise à Prague, pour éviter tous les accidents qui pouvaient arriver au *Saint Barthélemi* par un autre moyen de transport.

Dans une autre lettre, adressée encore à son ami, Albert se livre assez gaiement à son esprit observateur; le caractère italien n'a jamais été mieux observé ni mieux décrit; et j'imagine que depuis il a peu changé.

« Plût à Dieu que vous fussiez ici, Bilibab!
« C'est qu'il y a des hommes charmants parmi
« les Italiens; ils sont venus à moi tout de
« suite, et chaque jour ils s'attachent à moi

« de plus en plus; et cela me fait grand bien « au cœur. Ce sont des hommes bien élevés, « élégants, savants, grands joueurs de luth, « pleins de dignité, d'esprit, très-affables et « très-bons pour moi. Toutefois il faut dire « que, s'il y a tant d'hommes excellents en « Italie, il n'y manque pas non plus de fri-« pons, d'infidèles, de méchants et de men-« teurs, qui n'ont pas leurs pareils sous le « ciel. A les voir, on les prendrait pour les « plus aimables gens du monde : ils rient de « tout, même de leur mauvaise renommée. « Vous pensez bien que j'ai été averti à temps « par mes amis de bien prendre garde à ne « jamais ici boire ni manger avec ces gens-là, « ni avec les peintres leurs amis. Dans ces « peintres il y en a qui se sont mis à me dé-« chirer ouvertement, et qui copient effron-« tément mes ouvrages dans les églises et « dans les palais tout en criant que je ruine « l'art en m'éloignant du genre antique; ce « qui n'a pas empêché Jean Bellinus (Jean

« Belin, maître du Titien) de m'accorder beau-
« coup d'éloges dans une nombreuse compa-
« gnie de gentilshommes ; bien plus, il a voulu
« avoir quelque chose de moi, et il est venu
« me voir lui-même, et me demander un des-
« sin lui-même, ajoutant qu'il était jaloux de
« le bien payer. C'est un homme aimé, res-
« pecté, admiré de tous ; on ne s'entretient
« que de sa bonté, de son génie ; quoique
« bien vieux, c'est encore un maître qui a
« peu d'égaux.

« Venise, à neuf heures du soir, le samedi après la Chan-
« deleur, l'an 1506. »

De Venise Albert poussa jusqu'à Bologne, « pour étudier la perspective, dit-il ; et de « Bologne je reviendrai à Venise en huit ou « dix jours ; puis, de Venise, il faudra bien « revenir chez moi et dire adieu à ce soleil !

« Et à cette bonne terre adieu aussi !... Ici « je suis un seigneur, un parasite chez moi ! »

Les peintres de Bologne accueillirent Albert Durer avec autant d'empressement que les artistes de Venise; mais enfin il fallut revenir à Nuremberg. Il y revint dans l'automne de la même année; et là, près de sa femme, docile au joug domestique, il y reprit sa vie active et occupée. C'est à Nuremberg, et avec la mémoire du cœur, qu'Albert Durer fit le portrait de Raphaël; car c'était un homme qui avait vu Raphaël; et il lui envoya ce portrait avec une lettre qui s'est perdue. Raphaël était à Rome quand la lettre et le portrait lui parvinrent, et il y répondit dignement, en homme de génie, par une lettre et par un portrait. Raphaël, Mélanchton, Érasme, le 16e siècle, ce sont là de grands noms et de grands faits à propos d'un simple graveur sur cuivre et sur bois!

Ici s'arrête la partie la plus heureuse de la vie de notre Albert. Une fois qu'il eut quitté l'Italie et *ce soleil,* il ne fit plus qu'un voyage d'artiste; encore était-ce un voyage en Hollande, sous un pâle soleil; et ajoutez à cela que cette fois il était accompagné de sa femme; et puis la Hollande, dans ce temps-là comme aujourd'hui, ce n'était pas l'Italie. Si l'on y rencontrait moins de *fripons et de menteurs*, il y avait aussi beaucoup moins de seigneurs *élégants*, *spirituels* et *généreux*. Toutefois, là encore il fut reçu avec les égards du caractère hollandais. Au reste, voici comment il raconte son voyage dans les Pays-Bas :

« Moi, le pauvre Albert Durer, je suis parti « de Nuremberg, à mes frais et dépens, pour « me rendre dans les Pays-Bas avec ma femme. « Nous avons passé la nuit dans un village de « Bavière, où nous avons dépensé trois pièces « d'argent (*drey-balzen*) moins six deniers.

« De là nous allâmes à Anvers, où nous « descendîmes à l'auberge de Job Plankfeld; « et, le soir même de notre arrivée, le digne « Ailozen Bernard Stechen nous invita à sou« per. Le souper était, ma foi, très-bon. *Ma « femme n'y vint pas.*

« Je comptai au voiturier trois florins d'or.
« Le dimanche suivant était le jour de Saint-« Osputhe. La corporation des peintres m'in-« vita à un grand gala avec ma femme et ma « fille : vaisselle d'argent, service en cristal, « chère excellente, rien n'y manquait. Toutes « leurs femmes étaient vêtues en habits de « fête; et, lorsqu'on me conduisit à ma place, « le peuple se pressait des deux côtés de la « table comme pour voir M. Célébrité. Il y « avait bien des gens de qualité, des princes « et des ducs, qui me reçurent avec la meil-« leure grâce, m'offrirent leurs services et « leur protection pour tout ce qui pourrait « m'être utile. Comme j'étais assis, le major-« dome de MM. d'Antorff s'avança vers moi « accompagné de deux valets, et m'offrit, de « la part de MM. d'Antorff, quatre pintes de « vin que ces nobles personnages me priaient « de boire tout de suite, et d'accepter comme « un signe de haute considération. Je me sou-« mis à cette loyale invitation, et je protestai

« de mon dévouement à cette illustre famille.
« Ensuite vint à moi maître Pierre, charpen-
« tier de la ville, qui me présenta deux pintes
« de vin, toujours avec l'offre de ses services.
« Après avoir passé joyeusement la plus grande
« partie de la nuit à boire et à chanter tous
« les convives se levèrent, et m'accompagnè-
« rent avec des torches jusque chez moi
« comme un vrai consul romain. Je les con-
« gédiai à ma porte, après quoi je me couchai;
« et je dormis jusqu'au lendemain d'un bon
« somme. J'ai été ensuite dans la maison de
« maître Quintine. M. Fischer m'a acheté,
« pour le compte de MM. d'Antorff, seize ima-
« ges de la Passion pour quatre florins, six
« autres du même sujet, mais plus petit for-
« mat, pour trois florins; plus vingt autres
« demi-feuilles de toute espèce, le tout pêle-
« mêle, pour un florin. — *Item :* j'ai vendu
« à mon hôte une petite image de la Vierge,
« peinte sur une mauvaise toile, pour deux
« florins du Rhin.

« Le dimanche après la Saint-Barthélemi, « j'ai été conduit par MM. d'Antorff et Ro« mains à Malines. Le maître Ronsad et un « peintre dont j'ai oublié le nom m'ont in« vité à souper. Ce maître Ronsad est le fa« meux sculpteur qui est au service de Mme Mar« guerite, fille de Maximilien. En sortant de « Malines nous traversâmes une petite ville « dont le nom m'échappe, et nous arrivâmes « le lundi à Bruxelles, vers midi. — J'ai vu à « Bruxelles, chez le conseiller, quatre belles « peintures du grand maître Rudiger. J'ai vu « aussi les deux cadeaux apportés du Mexique « au Roi : c'est un soleil d'or large d'une toise, « d'une part, et de l'autre une lune d'argent « égale en grosseur au soleil, et, par-dessus « le marché, toutes sortes de vaisselles, de « harnais, d'ameublements étranges, de plats « d'or et de vermeil si splendides qu'on en « trouverait difficilement de semblables. Tout « cela est si précieux qu'on l'estime cent mille « livres d'or. Je n'ai jamais rien vu de ma vie

« qui m'ait tant réjoui que cela; car j'ai ad-
« miré ces choses d'or si finement ouvragées,
« et je me suis étonné de l'habileté et du gé-
« nie subtil des hommes des pays éloignés.
« Mme Marguerite m'a fait dire que j'avais en
« elle une protectrice auprès du roi Charles;
« elle s'est montrée toute dévouée à moi. Je
« lui ai envoyé une belle épreuve de ma gra-
« vure de *la Passion*. Lorsque je suis allé à la
« chapelle de la maison de Nassau j'ai vu
« l'admirable portrait qu'a fait le grand maître
« Hugo. Le maître Bernhardt, le peintre, m'a
« invité à dîner. Le repas était si magnifique
« que je ne pense pas que Bernhardt en ait été
« quitte pour dix pièces d'or. A ce repas as-
« sistaient plusieurs notables que Bernhardt
« avait invités pour me tenir compagnie, en-
« tre autres le trésorier de Mme Marguerite,
« dont j'ai fait le portrait, le chambellan du
« Roi, appelé Meteni, le trésorier de la ville,
« M. de Palsadis, auquel j'ai envoyé une épreuve
« de *la Passion* gravée sur cuivre, et qui, en

« échange, m'a fait remettre une escabelle « noire, de goût espagnol, qui vaut bien trois « pièces d'or. J'ai envoyé aussi une épreuve « de *la Passion* à Érasme de Roterdam, secré- « taire de Bonisius. Ensuite j'ai fait le por- « trait au charbon de maître Bernhardt, pein- « tre de Mme Marguerite, et j'ai fait encore « une fois celui d'Érasme de Roterdam. Mais « six personnes dont j'ai fini les portraits à « Bruxelles ne m'ont rien donné. Je suis allé « ensuite à Aix-la-Chapelle : j'y ai vu le cou- « ronnement de l'empereur Charles-Quint. « Le vendredi je sortis d'Aix pour aller à Lou- « vain; le samedi j'étais à Cologne, où j'a- « chetai pour cinq deniers d'argent un traité « du docteur Luther, et je donnai un denier « pour le livre intitulé : *La Condamnation du « saint homme Luther*. A Bruxelles, Aix et Co- « logne, j'avais ma libre entrée chez les sei- « gneurs envoyés de Nuremberg, Léonard « Groland, Hans Ebner et Nicolas Haller. A « Cologne je vis, le dimanche, les fêtes et les

« réjouissances, et j'assistai au banquet qui « fut donné en l'honneur du couronnement « (dans la suite Alber Durer fit une gravure « de cet événement). Le lundi je reçus des « mains de l'Empereur le diplôme de peintre « de la cour. »

Ce sont là de très-neufs et très-intéressants détails ; nous passons quelques autres lettres d'un moindre intérêt. Albert Durer continue son récit en ces termes :

« Le samedi après Pâques, nous partîmes « pour Bruges avec Hans Lixben d'Ulm, et « San-Plos, fameux peintre né dans cette ville. « Je vis dans la maison de l'Empereur la cha-« pelle peinte par Rudiger et les tableaux « d'un ancien maître, vraisemblablement Zem-« ling. Chez Jacob je vis encore des tableaux « de haut prix de Rudiger, de Hugo et d'autres « grands maîtres ; je vis la statue de la Vierge « en albâtre que Michel-Ange a faite, ainsi

« que les tableaux de Jean (Van Ecik) et d'au« tres peintres. On me donna encore un su« perbe banquet. Les conseillers de la ville, « Jacob et Pierre Mostans, me firent passer « douze pintes de vin, et la compagnie, qui « se composait de soixante personnes, m'ac« compagna chez moi après le repas. De là « j'allai à Gand. Le doyen des peintres et les « notables me reçurent avec enthousiasme et « me firent souper avec eux. Le mercredi, de « bonne heure, ils me conduisirent tous à la « haute tour de Saint-Jean. J'y vis le fameux « tableau de Jean Van Eick, si beau, si mer« veilleusement beau que cela n'a pas de « prix; surtout la Vierge Marie et le Père « Éternel sont d'une expression admirable. « Les peintres et leur doyen ne m'ont pas « quitté un instant; pendant tout mon séjour « dans cette ville ils ont voulu que je vinsse « déjeuner et souper chez eux. Enfin le mardi, « de bonne heure, je partis pour retourner à « Anvers. Après y avoir passé quelque temps

« je retournai avec les miens à Malines, au« près de Mme Marguerite; je suis descendu « à l'auberge de *la Tête d'or*, chez maître « Henri. Les peintres de la ville m'ont traité « dans mon auberge même, et m'ont reçu avec « joie dans leur corporation.

« J'allai chez Mme Marguerite : je lui mon« trai le portrait que j'avais fait de l'Empe« reur, et que je voulais lui donner en présent; « mais elle ne voulut jamais l'accepter. Le « vendredi suivant elle me fit voir toutes les « belles choses de sa collection : je remarquai, « entre autres, quarante petits tableaux peints « à l'huile; je n'ai rien vu encore de si beau « dans ce genre. Je vis aussi une magnifique « bibliothèque. »

Vous voyez qu'en Hollande c'était le peuple surtout qui encourageait les artistes; le peuple était le vrai roi. Un des plus grands priviléges de la puissance, après le droit de faire grâce, c'est l'encouragement des beaux-arts.

Vous ne sauriez croire combien le refus de Mme Marguerite lui fait tort dans mon esprit. Mais ici commence l'histoire des tribulations et des mésaventures *de lui, le pauvre Albert Durer!*

Voici comment il termine le récit de ce voyage dans les Pays-Bas :

« Dans tout ce que j'ai fait dans les Pays-
« Bas je n'ai éprouvé que des pertes : les no-
« bles comme les bourgeois, personne ne m'a
« payé, pas plus Mme Marguerite que les au-
« tres : pour tous les présents que je lui ai
« faits, pour toutes les esquisses que je lui ai
« envoyées, elle ne m'a rien donné. Lorsque
« j'allais partir je reçus tout à coup une let-
« tre du roi de Danemarck, Christian II, qui
« m'enjoignait de me rendre auprès de lui en
« toute hâte pour faire son portrait et celui
« des seigneurs de sa cour, et qui m'annon-
« çait que j'y serais très-bien traité et que je
« mangerais à la table du Roi. Le lendemain

« de la fête de l'Annonciation je montai sur « un vaisseau de l'État, et je me rendis à Bru« xelles, auprès du roi de Danemarck, auquel « je donnai ce que je puis appeler mes chefs« d'œuvre de gravure. Ce fut pour moi un « spectacle très-curieux de voir l'étonnement « avec lequel le peuple de Bruxelles regardait « passer Christian; c'était un bel homme! J'ai « vu aussi comment l'Empereur avait été au« devant de lui et l'avait reçu avec magnifi« cence. J'ai encore assisté au splendide ban« quet que l'empereur Charles et Mme Mar« guerite lui ont donné le lendemain, le « dimanche d'avant Sainte-Marguerite. Le roi « de Danemarck donna un banquet superbe « à son tour; l'Empereur, Mme Marguerite y « étaient invités; je fus, moi aussi, du nom« bre des convives, et je m'assis à la table des « rois. J'ai fait, à l'huile, le portrait de Chris« tian; il m'a fait remettre trente pièces d'or.

« Le vendredi je partis de bonne heure de « Bruxelles. »

Il faut pourtant s'arrêter. Nous ne sommes plus au temps où tous ces admirables petits détails de la vie d'artiste avaient tout leur charme. Nous vivons trop vite aujourd'hui pour nous étendre sur les récits du foyer domestique, et c'est à peine si nous les comprenons. Cependant je ne crois pas que vous soyez restés tout à fait indifférents à cette biographie ainsi racontée par le héros lui-même avec autant de naïveté et autant de vérité que Jean-Jacques Rousseau écrivait la sienne. Albert Durer a ainsi vécu toujours, peintre, dessinateur, graveur sur cuivre, graveur sur bois, quoiqu'il soit impossible qu'il ait fait lui-même toutes ses gravures sur bois; écrivain quelquefois, car il a laissé plusieurs ouvrages sur les fortifications des villes et châteaux, sur la peinture et le portrait, et autres livres qui ont eu l'honneur d'être traduits en latin et en italien. Ami dévoué, mari soumis, homme modeste et cependant heureux de tous les hommages qui l'entouraient; aussi juste envers son génie que pour le génie des autres, tel a été Albert Durer. Encore une fois, il est malheureux que cette belle existence, si remplie de pauvreté honorable, de glorieux travaux et d'ovations de tout genre, ait été troublée par une mauvaise femme. Albert Durer était souvent forcé d'abandonner sa maison par le caractère insupportable et acariâtre de sa douce moitié, qui ne s'adoucissait un peu qu'à force de cadeaux de toute espèce. Cela arrivait aussi à la femme de Jean-Jacques; Molière était encore plus malheureux en ménage que ne le fut Albert Durer ou Rousseau. Faut-il tout dire? Albert était souvent frappé par sa chère compagne. Un jour, surtout, qu'en revenant du marché on lui avait volé sa bourse, elle rentra si hors d'elle-même qu'elle se porta aux plus grandes violences; le pauvre Albert en mourut de chagrin. Cependant, avant de mourir, il eut encore une étincelle de joie: ce fut lorsqu'en 1526 Mélanchton, triomphant, revint pour la troisième fois visiter Nuremberg pour inaugurer le collége de Saint-Agio, comme eût fait un cardinal romain quinze ans auparavant. Albert Durer pleura tant qu'il voulut dans les bras de Philippe Mélanchton. Deux ans après, en 1528, le 6 avril, dans la semaine sainte, Albert Durer mourut à l'âge de cinquante-sept ans, pleuré par ses amis, et peut-être par sa femme; que sait-on? Un tombeau modeste et une élégante inscription latine, dans la cour de l'église de Saint-Jean, désignent encore la place où il fut inhumé.

LES

PETITS MÉTIERS.

Paris est rempli d'un peuple d'industriels qui n'appartiennent qu'à la grande ville, qui n'ont plus aucun sens, passé la barrière ; industrie d'égout et de carrefour, de mansarde et de ruisseau ; industrie de hasard qui a ses apprentis, ses maîtrises, son service central ; industrie de chiffons, de vieux clous et de verres cassés, de poëmes épiques et de vaudevilles ; toutes choses dont je dois parler gravement et avec estime ; toutes industries avouées par la probité la plus sévère, le besoin le plus légitime; toutes industries qui font vivre des familles, qui envoient des enfants au collége, qui donnent des dots aux filles à marier, et souvent un tombeau au Père-Lachaise quand le spéculateur a été riche, heureux, honnête homme, et qu'il n'a pas fait son testament pour des ingrats.

Voyez-vous? le petit métier domine dans cette grande cité. Il en coûte si cher pour acheter une charge, même d'huissier-priseur! il faut tant d'argent pour ouvrir la plus petite boutique, dans un temps où il n'y a pas de boutiques sans glaces contre le mur et sans acajou au comptoir! les propriétaires de Paris sont si durs! le papier est si difficile à escompter! Cependant il faut vivre, il faut échapper au désordre et à l'hôpital. Vive donc le petit métier, sans boutique, sans patente, sans propriétaire, sans lettres de change, sans profits, le petit métier en plein air, à pied, les mains dans les poches, la hotte sur le dos, ou mollement étendu au coin de la rue sur les crochets du commissionnaire, attendant un chalant qui va venir! A une heure du matin, dans les halles, quand tout Paris vient d'entrer dans le sommeil, sommeil haletant et précipité et plein de remords et entrecoupé de voluptés fugitives, sommeil dans la soie volée, véritable cauchemar commencé au bruit des voitures et qui s'achève aux cris des marchands d'habits, vous entendez autour des halles un bruit singulièrement animé. On ne dort pas aux halles; aux halles les petits métiers commencent. Alors arrive de toutes parts, attelé à de petites voitures, un peuple de négociants qui spéculeront toute la journée sur un boisseau de pommes de terre, sur douze bottes de carottes, sur un paquet d'oignons, sur quelques douzaines d'œufs. Pendant que le grand commerce de comestibles reste immobile à sa place, attendant fièrement les cuisiniers des grandes maisons et le savant cordonbleu de la bourgeoisie, voilà nos spéculateurs en petit qui s'éparpillent de bonne heure pour porter aux pauvres et aux poëtes leur nourriture de la journée. Le pauvre mourrait sans ces carrottes, ces pommes de terre et ces œufs équivoques. Le pauvre n'est pas assez riche pour aller chercher ses vivres à la halle, où tout est à meilleur marché : il attend à son cinquième étage; il attend non-seulement la providence de chaque jour, mais la providence de chaque heure de la journée. Ainsi est fait le grand Paris, le Paris qui travaille et qui espère; toute la vie de ce Paris de second ordre se passe à acheter son repas à des revendeurs. Le matin, quand la laitière a préparé son lait et se repose noblement à côté de son chien et de son vase en fer-blanc, vous voyez arriver à la file tout le quartier matinal : des femmes en casaque blanche, pâles encore de leur sommeil, et les cheveux retenus dans leur mouchoir; de petites filles de quinze ans qui viennent à la place de leur mère, violettes de froid et les cheveux flottants; la femme de chambre joviale, le célibataire empesé, le portier ricaneur, l'employé qui se sent humilié de venir chercher sa pitance au grand jour, innocentes abeilles autour de la ruche. La laitière leur dispense son lait d'une main avare; la distribution laitée dure jusqu'à midi. Cette laitière n'a jamais eu une vache à elle, elle n'a jamais entendu le chant de la poule qui pondit ses œufs; toute sa ferme est située dans une maison de la rue Aux Ours; son rustique enfant est petit clerc dans une étude, et l'honnête laboureur, son mari, tient les cannes et les chapeaux dans une maison de jeu.

Heureux l'homme des champs s'il connaît son bonheur!

Écoutez! A midi voilà Paris qui se réveille! Le bruit monte aux cieux; tout s'agite, les grands et les petits métiers entrent en concurrence. Chaque métier, à Paris, a sa concurrence et sa parodie, haut et bas, honnête ou non, permis ou toléré. Cherchez bien, et partout vous trouverez, à côté des grandes spéculations appuyées sur des capitaux immenses, les spéculations de la petite propriété, du commerce modeste, du marchand qui n'en est pas un. Voyez Paris : à côté du cachemire de l'Orient, éternel sujet des plaisanteries de M. Scribe, s'étale le cachemire Ternaux; non loin du cachemire Ternaux la marchande à la toilette étale ses guenilles restaurées; mais plus bas Mme La Ressource, un carton sous le bras, s'en va louant, à tant par jour, la dentelle trouée, le manteau doré du théâtre et jusqu'à la cornette et à la chemise de la prostitution. Le petit métier est un protée qui ne rougit de rien, qui se plie et se replie dans tous les sens, qui se mettra dans la boue pour avoir de quoi se vêtir, qui se vautrera, s'il le faut, dans la fange, pour avoir une chemise blanche, qui ne craint aucune espèce de honte, aucun genre d'usure, qui se glisse, s'intrigue, se pousse, se presse, qui veille les nuits et les jours, qui fait le mort, qui prendra toutes les allures. Vous savez l'histoire de Saint-Siméon-Stylite; il est resté quinze ans logé au sommet d'une colonne : à Paris, pour de l'argent et pour très-peu d'argent, vous trouverez facilement un homme qui remplira ce métier-là; car être dieu aujourd'hui, cela est devenu un petit métier.

Allons dans la ville. A peine sorti de votre chambre, vous passez nécessairement devant la loge du portier. Cette loge est une espèce de niche, au rez-de-chaussée, dans laquelle très-souvent on n'oserait pas loger son chien. Figurez-vous un espace de sept à huit pieds au plus : là se tient souvent toute une famille : le père, qui fait des souliers; la mère, qui lit des romans; la fille, qui déclame des vers, espoir du Théâtre-Français; le fils aîné, qui joue du violon, compositeur futur de l'Ambigu; le dernier né, qui broie des couleurs chez Eugène Delacroix ou qui prépare les cuivres des Johannot. Tout ce monde d'artistes vit, et pense, et compose, et se passionne en gardant la maison que vous habitez, en tirant le cordon de la porte au premier bruit du marteau. Savez-vous où ils nichent? savez-vous comment tous ces enfants sont venus dans ce monde, comment ils ont grandi, comment ils ont trouvé le *victum et vestitum* dans cette difficile condition? Qui le sait? qui pourrait le dire? Le père de toute cette famille touche trois cents francs par an pour sa place, et c'est là tout. Cependant la famille est élevée, le père a deux habits, la mère une robe de mérinos, la jeune fille une chaîne d'or et le fils aîné une paire de bottes. Miracle de l'industrie, de la patience, du travail et d'une volonté ferme! Il y a des miracles de cette force-là dans toutes les maisons de Paris.

Je ne vous retiens pas plus longtemps à votre porte. Vous sortez : prenez garde à cet homme qui est accroupi dans le ruisseau. Cet homme est un regratteur; il gratte et regratte entre les pierres; il n'en veut pas aux chiffons, il n'en veut pas aux immondices, il n'en veut pas aux vieux papiers que le vent emporte; chiffons, immondices, vieux papiers, ce sont marchandises d'une nature trop relevée pour notre commerçant. Il en veut, lui, tout simplement aux clous égarés de la ferrure des chevaux, aux parcelles de fer emportées par le frottement au cercle des roues; il lave la boue de la ville, cet homme, comme d'autres esclaves lavent le sable d'or du Mexique; il est aussi heureux d'amener un clou sans tête que d'autres nègres qui trouvent un diamant dans les mines. Voyez cet homme : quelle attitude pénible! comme il est couché sous sa proie! que de passion et d'avidité dans le regard! comme il joue avec la fortune! que d'imprécations dans son âme! comme son cœur bat dans sa poitrine! Pauvre homme, hélas! la mine est peu abondante! La révolution de juillet a renvoyé tant de chevaux à la charrue, elle a réformé tant de voitures, que c'est à peine si le ruisseau charrie encore assez de fer pour que le regratteur gagne de quoi aller, le dimanche et le lundi, se consoler à la barrière. Dans des temps meilleurs il y restait trois jours!

Quand vous avez évité le regratteur et l'eau qu'il jette de côté et d'autre, vous tombez d'ordinaire vis-à-vis le commissionnaire du quartier. Le commissionnaire du quartier est le plus souvent un épais gaillard à la vaste poitrine, aux larges épaules, à la barbe noire; on sent, à le voir, que c'est un homme à son aise qui ne doit rien à personne, à qui on doit beaucoup, et qui n'est pas sans avoir quelque bonne réserve pour les mauvais jours. Le commissionnaire du quartier, c'est votre domestique à vous, mon domestique à moi, notre domestique à nous tous; il est de toutes les maisons, il entre et il sort à volonté; on l'appelle pour scier du bois en hiver, pour monter les fleurs en été, pour porter une lettre en tout temps; c'est lui qui conduit monsieur à la diligence, qui va au devant de madame à son retour; le commissionnaire a un nom propre, tout au rebours des autres domestiques, qui n'ont qu'un simple prénom; on sait de quel pays il est, quel est son âge et celui de sa mère; il est l'ami de la cuisinière et l'ennemi du portier; du reste, indépendant comme un domestique qui a plusieurs maîtres, intelligent et actif comme un spéculateur qui spécule à coup sûr, faisant beaucoup et agissant peu, parcourant beaucoup de chemin en allant au pas, ne disant jamais rien de trop, discret, sobre, patient; curieux, mais en dedans et pour lui seul, toujours prêt à se mettre en route, toujours prêt à obliger, et obligeant avec le même zèle, soit les affaires, soit les amours. Une rue de Paris ne serait pas complète si elle n'avait pas son commissionnaire à elle, à côté de son épicier ou de son marchand de vin.

Plus loin, sur le Pont-Neuf, sur le quai de

la Grève, hors des boutiques vagabondes ou stationnaires, sans patente, mais non pas sans aveu, vous rencontrez une race d'industriels toujours occupés, qui se croisent dans tous les sens et sans confusion : l'un, appuyé sur son échoppe d'un pied carré, sollicite pour un sou la faveur de rendre son lustre à votre chaussure délustrée; l'autre, d'une voix enrouée, appelle votre caniche, qu'il veut tondre à toute force (le caniche épouvanté se presse contre son maître en aboyant); celui-ci vend des allumettes, celle-là des épingles; ce vieillard gagne sa vie avec le sucre d'orge. Voyez cette large commère : elle porte sur son ventre l'attirail complet d'une cuisine toujours fumante; le fourneau est allumé; la graisse éclate dans la poële à frire, la friture se dessine sous toutes les formes; l'air est embaumé à dix pas à la ronde; la saucisse succulente, la pomme de terre dorée, la côtelette de porc frais, appétissantes friandises de la place de Grève; que dis-je? le merlan délicat, la sole, le goujon, mets délectables d'une société plus choisie, appellent tour à tour l'appétit du passant; la boucherie est à côté de la cuisine; le poisson frais est suspendu sur les hanches de la cuisinière, destiné à remplacer le poisson frit. Il est une heure : le Parisien fait son second repas. Il a *mangé* une tasse de lait le matin; à une heure il mangera pour quatre sous de pommes de terre ou d'autres fritures, enveloppées dans une feuille de papier imprimé. Tout en dînant au soleil, appuyé contre le parapet du pont et en regardant un faiseur de tours, le Parisien peut lire de temps à autre les nouvelles de la politique et des arts dans la bienheureuse enveloppe de son dîner. Ainsi tous les plaisirs à la fois se réunissent à cette heure fortunée pour l'habitant de Paris : l'eau dans le fleuve, le soleil dans le ciel, l'oiseau du quai des Orfèvres qui chante, le bateleur qui joue, la friture qui frémit, les nouvelles politiques du journal de la veille. Il s'en faut encore de trois jours pour que le politique du port de Marseille en lise autant à son lever que n'en peut lire l'honnête ouvrier du quai de la Grève à son second repas.

Or ne croyez pas que cette industrie à part soit à la portée de tous les hommes de ce monde : la petite industrie parisienne n'est faite que pour le Parisien; il n'y a que le Parisien qui comprenne, qui aime, qui sache apprécier à leur juste valeur tous ces petits marchands; le petit marchand est un être essentiellement parisien, une nécessité essentiellement parisienne. Il n'y a que le Parisien qui sache arrêter, par une ardente soif d'été, un honnête marchand de coco, qui cause avec lui en essuyant son verre argenté; qui fasse remplir le verre jusqu'au bord, et qui demande la monnaie de ses dix centimes après avoir bu et causé pour deux sous au moins avec l'honnête marchand de coco. Le marchand de coco, bon enfant, sourit agréablement au Parisien, lui rend deux centimes sur cinq, et, après l'avoir salué poliment, il se met à crier de nouveau son *coco à la glace;* véritable providence des soldats et des bonnes d'enfants.

A la place de mon Parisien imaginez un homme de province bien dédaigneux, bien dégoûté, bien altéré : il passera fièrement devant la bienfaisante tisane, il dédaignera le sourire bienveillant et ridé de la vieille Hébé, et, une heure après, il se donnera une indigestion avec un pot de bière tournée qu'il boira fièrement dans un estaminet.

Il n'y a que le Parisien dans le monde pour parler à une poissarde, pour être agréable avec une écaillère, pour ne pas irriter une cuisinière ambulante tout en marchandant son repas. Le Parisien est bien élevé, il est poli, il a le parler doux, il évite toutes les dissonnances. En même temps il ne rougit de rien: il accoste en plein jour la grisette qui lui plaît, il fait son repas dans la rue, il entre chez le marchand de vin et il boit; c'est

Diogène qui s'est lavé les mains avec de la pâte d'amandes. Ne craignez pas qu'il en soit ainsi de l'homme de province : l'homme de province est fier; c'est le type du niais endimanché; il dédaigne toutes les facilités de la vie. Tout à l'heure vous l'avez vu aimant mieux mourir de soif que de boire du coco à présent voyez-le entrer dans une de ces cavernes empestées où l'on dîne à vingt-quatre sous par tête : le provincial s'assied fièrement à une table d'une froide propreté, il avale ses quatre plats sans mot dire; et, après la mince tranche de bœuf, le civet de lapin, l'omelette soufflée, le pot de crème et le petit-verre, il sort de là, l'œil triste, le ventre creux, l'estomac malade, sans se douter qu'à la place de Grève ou sur quelque joyeux boulevart il aurait fait un très-excellent dîner et très-joyeux avec la moitié moins d'argent. Que voulez-vous? quand le provincial dîne, il lui faut avant tout une serviette à peu près blanche et un couvert d'argent.

Le Parisien, qui vit à l'air, qui flâne, qui fait le beau, qui fait le voluptueux au soleil, qui se chauffe dans les galeries du Palais-Royal en hiver, qui a des amusements pour toutes les heures, qui est suivi à chaque pas, dans sa bonne ville, par un troupeau d'esclaves prêts à satisfaire ses désirs, et au moindre geste, le Parisien se laisse être heureux autant qu'on veut le faire heureux; il est dégagé de tous les soucis de la vie. On a inventé pour lui un détail marchand qui ferait peur à tout autre peuple. Si le Parisien le veut, on lui donne du sucre pour un sou, on lui vend une aile de volaille, une cuisse de perdrix ou le croupion d'un faisan; le Parisien a tout ce qu'il veut avoir, mais rien que cela. Parlez, riches de la terre : qu'avez-vous donc qu'il n'ait pas, cet homme heureux entre tous? Cet insouciant flâneur est aussi beau que vous, et aussi bon, et aussi riche. Vous mettez une robe de gaze, madame la duchesse, vous jetez une rose dans vos cheveux; un frais ruban orne votre taille : demain, aujourd'hui peut-être, Jenny la bouquetière mettra votre robe de gaze, elle jettera la fleur de vos cheveux dans ses cheveux ; le frais ruban entourera la taille de Jenny ; seulement il sera serré d'un cran de plus.

Il en est ainsi pour tout ce qui se fait, se fabrique, s'invente et s'importe à Paris : tout ce travail, toutes ces recherches, tout ce luxe, c'est pour le Parisien. On appelle Staub, on lui commande un habit, on choisit l'étoffe soyeuse, on indique la couleur des boutons et la qualité de la doublure ; on a un gilet qui vient d'Angleterre, on porte des bottes de Saski ; c'est à peine si votre chapeau pèse trois onces. Allons, dandy, mets-toi à la torture dans ton habit neuf, gêne tes pieds dans tes bottes, étouffe-toi dans ton gilet ; porte à la main ton chapeau, de peur de déranger l'artifice de tes cheveux : huit jours après passe le marchand d'habits. — *Vieux habits ! vieux galons ! Achetez des habits ! vendez des habits !* — O Sakoski ! ô Staub ! Les bottes de Sakoski, bien qu'un peu larges, passent aux pieds d'un marchand de contre-marques; l'habit de Staub est endossé par un figurant du Gymnase, à qui son théâtre donne vingt sous par jour à condition qu'il sera très-bien mis.

Puisque j'en suis au marchand de contre-marques et au figurant de théâtre, parlons-en.

Le marchand de contre-marques est le marchand de plaisirs dramatiques pour le Parisien. Le Parisien et le très-grand seigneur d'autrefois étaient les seuls qui eussent le privilége de ne pas payer le spectacle : à présent qu'il n'y a plus de grands seigneurs, le Parisien est le seul qui jouisse du privilége. Donc la première pièce se joue; le riche arrive, il s'ennuie et s'endort; il s'en va; il jette ou il vend sa carte à des spectateurs qui sont à la porte du théâtre, et aussitôt le Parisien accourt, ou plutôt on va le chercher. — Voulez-vous voir danser madame Alexis Dupont, Parisien? — Voulez-vous voir jouer mademoiselle Georges à son cinquième acte, Parisien?

— Parisien, Odry va commencer, et il est charmant ! — Et voilà mon Parisien, le cigare à la bouche, qui réfléchit, qui est distrait, qui marchande, qui accepte, et qui voit, pour le prix de la chandelle qu'il brûlerait le soir à la maison, tout le beau spectacle dédaigné par le riche ; le voilà qui applaudit, qui rit, qui siffle, qui s'amuse ; c'est pour lui seul qu'il y a un Opéra dans le monde, pour lui seul qu'on fait de l'art et de la poésie en France. Homme heureux ! il s'est levé : on l'a servi dès le matin ; pour lui la poule a pondu son œuf, la vache a donné son lait, le commissionnaire a pris ses crochets, le décrotteur a débouché son cirage ; pour lui le tailleur a fait tous les habits que vous voyez ; c'est pour lui que tous les fournisseurs travaillent, que toutes les boutiques s'éclairent, que les théâtres sont ouverts. Heureuse, trois fois heureuse influence des très-petits métiers !

Le petit métier est la providence du Parisien qui n'est pas riche : le petit métier le défend de l'ennui et du désespoir, et le met au niveau de toutes les fortunes; il lui donne les moyens de satisfaire tous ses désirs ; c'est au petit métier que le Parisien doit son bien-être, sa maison, et ses gens et sa voiture. Dernièrement encore le petit métier a donné à chaque Parisien une grande voiture à deux ou trois chevaux, toujours à ses ordres, toujours prête à lui faire traverser la ville dans tous les sens. Insouciant et paresseux bonhomme de Paris! Il a fallu que le conducteur d'omnibus portât sa livrée, il a réglé le nombre et la couleur des chevaux, il a pris tous les soins possibles de son équipage. Aussi quand il est gravement étalé sur les coussins élastiques, appuyé sur sa canne à pomme d'ivoire, vous pouvez nous en croire, le Parisien n'a rien à envier à son voisin, le ci-devant marquis, qui, pour aller en voiture, a des chevaux à acheter, une écurie à louer, du foin et des valets à payer, sans compter qu'il est obligé d'aller en fiacre le plus souvent.

A Paris, grâce au petit métier, il n'est pas de chose qui n'ait deux prix, deux prix extrêmes, le prix fort et le vil prix; il n'y a pas de juste milieu, bien que souvent prix fort et vil prix ce soit identiquement la même chose. Ainsi on vend du gibier sur le Boulevart-Neuf et chez Mme Chevet; on joue à la roulette dans le salon des Princes, tout doré, somptueuse caverne où s'est consommée la ruine de tant de malheureux; on joue à la roulette sur le Pont-Neuf. Si le boulevart des Italiens est fier de l'Opéra, le boulevart du Café Turc a aussi bien que l'Opéra, et beaucoup mieux que M. Albert, il a les Funambules et Débureau, le gille sublime. Eh! mon Dieu! qui pourrait dire si on a moins de plaisir au bal de la Chaussée-d'Antin qu'à celui de la Courtille? Quelle différence trouvez-vous donc à triompher de l'illustre coquette chargée de diamants, ou à pourchasser, le soir, la grisette à l'œil noir et au pied furtif? La grisette, véritable création parisienne, fleur à demi épanouie de la corbeille parisienne, l'honneur de nos jardins et de nos magasins somptueux, la poésie de l'étudiant, a quelque chose d'aimable, qui n'est pas le vice et qui n'est pas la vertu; la grisette, petit négociant, lui aussi, joyeux, alerte, insouciant, fait pour le Parisien, et que lui seul sait comprendre! Mon Dieu! vous le voyez, vice ou vertu, peine et plaisir, amour et repentir, c'est partout et toujours la même chose pour le Parisien!

Le Parisien est l'égal de quiconque vient habiter sa ville; il est son égal en plaisirs, en bonheur, en amours; il partage ses fêtes, ses affections, son luxe; il partage toutes choses, excepté la dépense; seulement l'un est malade dans son lit, l'autre est malade à l'hôpital, avec cette différence toutefois, en faveur du pauvre, que le médecin est le même au palais du riche et à l'hôpital. M. Dupuytren lui-même, entre le riche et le pauvre, n'a jamais hésité : c'était toujours le Parisien, le Parisien de Paris, le malade de l'hôpital qui était visité, opéré, pansé et guéri le premier.

Et non-seulement le petit métier s'applique aux nécessités de la vie, et à ces besoins du luxe qni sont encore une nécessité; mais encore le petit métier s'inquiète des caprices les plus bizarres, les plus inattendus du cœur et de l'esprit de l'homme, de ces caprices qu'on ne voit qu'au riche et au puissant, que les riches seuls se permettent dans les autres pays, et que le Parisien se permet dans le sien à tout propos, sans rime ni raison, pour cela seulement qu'il sait ce qu'il veut, qu'il n'a qu'un temps à vivre, et qu'il est Parisien de Paris.

Par exemple, Catherine veut écrire à Jean-Jean, qui est à Chartres. Catherine ne sait pas écrire : pour quatre sous Catherine enverra à Jean-Jean une lettre bien dictée, bien sentimentale, sans aucune faute d'orthographe, sur papier vélin parfumé, avec un cachet en cire et armorié. Le sergent-major, quand Jean-Jean recevra cette lettre, lui demandera sérieusement si ce n'est pas Mme de Sévigné qui lui écrit. D'autre part, vous avez un oncle membre de la Société philotechnique : pour peu que votre oncle aime les vers, et moyennant quinze sous, en vous y prenant un jour à l'avance, vous aurez une chanson faite exprès pour la fête de ce digne oncle, dans laquelle chanson sera son nom, lequel nom rimera avec le vers suivant si vous voulez ajouter cinq sous de plus. Savez-vous qu'il y a un théâtre à Paris, à la grille du Luxembourg, où un marquis fait un vaudeville pour douze francs, avec tous les couplets? Un mélodrame se paie vingt-cinq francs en ce lieu; on a payé quarante francs la pièce intitulée *Napoléon!*

Voulez-vous être célèbre, et entourer votre front grimaçant de l'auréole poétique?

Il y a des gens qui vous vendront un quart de mélodrame à l'Ambigu; sur le quai aux Volailles vous ne sauriez croire combien il y a d'écrivains qui font un volume de roman pour un billet de cinquante francs. Ils escomptent leur billet à quinze pour cent à leur libraire; et, en fin de compte, il se trouve que le libraire n'a pas gagné grand'chose quand le volume est imprimé.

Toute une famille habite un rez-de-chaussée dans un quartier malsain. A les voir, on ne devinerait guère quel métier font ces gens-là. Ils sortent tous à de certaines heures du jour; ils vivent; ils sont dédaigneux pour leurs voisins; ils ne rentrent à leur taudis que bien avant dans la nuit; ils étudient, ils font des évolutions. Quand le maître de la famille sort il emmène avec lui tout son monde, jusqu'à son vieux père, jusqu'à sa mère infirme; le petit enfant qui sort du berceau n'est pas oublié; quelquefois même le caniche Azor et la pie Margot sont de la partie. Famille Bohême! Ce père de famille est comparse de théâtre; toute sa vie il a figuré dans les théâtres sans avoir la dignité d'un comédien, sans jamais songer à dire un mot au parterre. Cet homme a subi, lui aussi, toutes les vicissitudes du drame.

Quand il y avait des Romains au théâtre, Romain en toge et en robe de pourpre, il a gagné un rhumatisme au bras droit à force d'avoir les bras nus ; les Colins d'opéra comique ont été funestes à sa cuisse gauche, qui n'était vêtue que d'une simple percaline garnie d'une faveur rose ou bleue ; l'importation de Schiller en France a été aussi une époque fatale de sa vie : les brigands de théâtre lui firent grand tort. Un jour il eut la tête fracassée d'un coup d'épée de bois; un autre jour il reçut un coup de feu dans les yeux; puis vinrent les monstres, les diables, les flammes de l'enfer et du Bengale : il fallut se barbouiller de rouge et de noir, se mettre des serpents sur la tête, se jeter à corps perdu dans le gouffre; puis, la vérité du drame envahissant toujours, on fit monter le comparse à cheval, on le fit monter sur les toits, on l'exposa à se rouer les membres, on le couvrit de plaies infâmes, on le marqua au fer rouge, on donna le knout au malheureux comparse;

puis, comme à force de progrès les théâtres furent déserts, on réduisit le prix du comparse, on le força de se fournir de rouge, de blanc et de mollets, toutes choses qui n'étaient pas à sa charge autrefois. Alors il fallut avoir recours à d'autres moyens ; l'homme-comparse se multiplia de toutes les manières : il fit paraître sa femme et ses enfants, il fit venir son frère et sa sœur, il habilla son vieux père en sénateur, en doge, en pair de France ; sa vieille mère eut un rôle dans les drames de la Révolution et de l'Empire ; tout devint matière théâtrale chez cet homme. Cette pie que vous voyez pendue à sa fenêtre, elle joue son rôle dans *la Pie voleuse ;* ce chien fut sublime dans *le Chien de Montargis*. Dans ce rez-de-chaussée humide et malsain vous trouverez, au résumé, tout l'art dramatique de nos jours.

En fait de comédie, c'est là sans contredit un petit métier s'il en fut. Faire des couplets, déchirer une comédie en lambeaux pour en construire un vaudeville, paraître devant un comité de lecture, se mettre en quatre pour enfanter cette œuvre malheureuse, et, quand l'ouvrage va être joué, se mettre à genoux devant des pauvres diables qui font encore un plus petit métier que le vôtre, cela est dur.

Le jour de la première représentation est venu. Chez le marchand de vin du coin se réunissent tous les littérateurs du parterre; ils se donnent le mot d'ordre : on leur indique où il faut rire, où il faut pleurer, à quel moment précis il sera nécessaire de montrer de l'enthousiasme; le succès se complote, se prépare, se décide au cabaret. Je ne connais pas de plus petit métier que celui-là, si ce n'est le métier des auteurs.

Souvent il arrive que les métiers changent de titre: le petit métier devient un grand métier, le grand métier n'est plus qu'un fort petit métier. Quel homme c'était autrefois que le premier veneur, le grand-aumônier, le maître des cérémonies! quel grand commerce aujourd'hui que celui de M. Fumade, le marchand de briquets phosphoriques, celui de M. Hunt, le fabricant de cirage! Le décrotteur ambitieux fait orner son magasin de glaces et de gravures; dans une rue du Marais, sur un large écriteau, vous pourrez lire cette inscription en grosses lettres : *Dutocq fils, successeur de son père, fabricant de sacs en papier.*

C'est un métier d'ouvrir la portière des voitures à la sortie des spectacles. C'est un métier de raccorder un piano : le pauvre diable entre dans le salon, il ouvre l'instrument fatigué des sonates, il donne le ton aux notes discordantes; il n'a pas d'instrument à lui ce grand artiste : quand le piano est d'accord il se livre en tremblant de joie au bonheur de faire un peu de musique; puis le valet de chambre arrive, on le congédie au milieu de son improvisation commencée; il est payé un peu moins cher que le frotteur.

Que voulez-vous? quelle est l'envie qui vous presse? Vous voulez une seule rose pour mettre à votre boutonnière : on vous vendra une seule rose. Vous avez de la violette pour un sou au Pont-des-Arts. Suivez le quai : vous aurez un volume in-8° avec la valeur de dix bouquets de violettes. Vous êtes peintre, vous avez besoin d'une belle figure, Mars ou Vénus, la beauté ou la gloire : voici Mars en guenilles, humble et triste contenance, qui vient à vous, l'œil humide, les genoux troués; voici Vénus, taille élégante, blanches épaules, le sein qui bat, la main bien faite. Otez votre voile, ô déesse! montrez-nous ce sein fait pour l'amour, découvrez ces blanches épaules, étendez ce pied charmant; faites que je vous voie telle que vous êtes sortie du sein des mers, ô déesse! Vous prenez le dieu et la déesse à l'heure : cela vous coûte tout autant qu'une course de fiacre avant le nouveau tarif.

La science est au même taux que la beauté :

la science et l'art abondent dans cette grande ville ; elle regorge de professeurs de toutes sortes. Depuis les derniers et malheureux soulèvements de l'Italie, les maîtres d'italien sont à plus vil prix que les maîtres de latin et de belles-lettres ; l'allemand se paie davantage ; le polonais est à rien ; et, franchement, qui voudrait apprendre ta langue, malheureuse Pologne? En fait d'éducation, de professorat et de science, je ne connais guère d'estimés et d'heureux que les danseurs. Il en a été ainsi dans tous les temps.

L'usure même, l'infâme usure s'est faite petit métier pour dépouiller le malheureux plus facilement. L'usure se revêt d'une souquenille usée, elle prend la forme d'un épicier voisin des halles ; elle prête six francs pour toucher six francs cinq centimes à la fin de la journée ; elle achète le papier du Mont-de-Piété, ce maître usurier, ce vil fripon qui se cache sous le manteau de Tartufe, et sur ce papier usuraire elle trouve encore le moyen de voler quelque chose. Ainsi, il n'est rien à Paris qui ne puisse se réduire à sa plus simple expression. Voici de l'or; suivez l'échelle décroissante : vous arriverez au billon; voici la religion catholique : vous avez les saint-simoniens; voici Saint-Sulpice, le grand temple chrétien : vous êtes à l'écurie de Châtel; voici le pape Clément XIV : vous arrivez à l'alcôve de Mme Bazar, la papesse; voici le Théâtre-Français : vous êtes à l'Ambigu. Quel chaos! quel indéfinissable mouvement! vous allez d'un dieu à un escroc, d'un roi à un charlatan, du Mont-de-Piété à un huissier, de Talma à M. Marty, de l'Académie à la hotte du chiffonnier. O trois et quatre fois profanation!

Ce n'est pas que je mette l'honorable et illustre profession du chiffonnier au nombre des petits métiers. A Dieu ne plaise, mes maîtres, que je m'attire votre colère! Dans les petits métiers, le chiffonnier est au moins le premier. Le chiffonnier est le plus grand des industriels en petit : c'est un être à port grave, solennel, muet, qui dort le jour, qui vit dans la nuit, qui travaille, qui spécule la nuit; c'est le dernier être de la création qui fasse justice de tout ce qui se dit ou s'imprime dans le monde. Le chiffonnier est inexorable comme le destin, il est patient comme le destin. Il attend ; mais, quand le jour du croc est venu, rien ne peut retenir son bras, tout un monde a passé dans sa hotte. Les lois de l'Empire, dans cette hotte immense, courent rejoindre les décrets républicains; tous nos poëmes épiques depuis Voltaire y ont passé ; tout le journal, depuis trente ans, s'est englouti dans cette hotte après avoir dévoré tout ce qui s'était remis debout. La hotte du chiffonnier c'est la grande voirie où viennent se rendre toutes les immondices du corps social. Sous ce rapport, le chiffonnier est un être à part, qui mérite son histoire à part. Le chiffonnier est bien mieux qu'un industriel, le chiffonnier est un magistrat, le magistrat qui juge sans appel, qui est tout à la fois le juge, l'instrument et le bourreau.

J'ai oublié bien des petits métiers sans doute. Il en est dont on ne parle pas, et que tout le monde sait. A mon sens, le plus petit des métiers consisterait à vendre la louange s'il n'y avait pas encore un métier plus petit, qui consiste à l'acheter.

L'ABBÉ CHATEL

ET

SON ÉGLISE.

J'IMAGINE que dans les villes croyantes de la province, au cœur ou à l'extrémité de la France, on aurait peine à se figurer le malheureux état de la religion catholique à Paris. Depuis la grande secousse de 89 le catholicisme était bien malade: la révolution de 1830 l'a tué tout à fait. Bonaparte rendit, il est vrai, au culte chrétien ses monuments et son éclat extérieur, comme il rendit au palais des Tuileries, et à peu près par la même raison,

son antique étiquette, son maître des cérémonies, ses chambellans et ses grands seigneurs. La Restauration, qui se souvenait de tout le passé, malheureusement pour elle, et plus encore malheureusement pour nous, rappela l'Église dans les affaires de ce monde. La vieille royauté reprit peu à peu ses molles habitudes : elle eut des abbés au ministère et à la chambre des pairs ; elle mit des abbés partout où elle put en placer dans l'État. Elle est morte surtout à cause des jésuites, des missionnaires et des abbés. C'est qu'en vérité, tout républicains que nous sommes peut-être, toujours est-il sûr que nous étions encore bien plus faits pour les doctrines monarchiques que pour les doctrines religieuses. Nous n'avons été si ardents à briser le palais que parce qu'il s'était réfugié dans le sanctuaire; le peuple n'en voulait tant à l'autel queparce que l'autel envahissait le trône. L'un ou l'autre de ces deux pouvoirs une fois écrasé, la fureur populaire était satisfaite; elle n'avait pas besoin d'une double ruine pour s'arrêter dans ses terribles emportements.

Après les trois jours de juillet (méfiez-vous de trois journées en même temps célèbres, car un seul jour à jamais célèbre coûte ordinairement bien cher), et quand la vieille monarchie eut quitté Cherbourg pour se remettre en route sur ce mélancolique Océan témoin de tant de traversées si différentes, l'Église de Paris se trouva si bien morte et abattue qu'elle n'eut pas la force de lever les mains au ciel et de s'écrier dans son beau langage : *Seigneur, sauvez-nous! nous périssons!* C'était là, sans contredit, un des fruits les plus amers de l'indifférence religieuse! Comment donc! le roi sacré à Reims est chassé de sa capitale, le trône légitime est réduit en poudre, une autre révolution s'empare de la France, et cette fois, quand trois rois s'en vont, enfant et vieillards, trois enfants! pas un prêtre n'est exilé! pas un autel n'est détruit! pas un temple n'est fermé! Voici donc que tout manque en même temps au christianisme, même la persécution!

L'Église de Paris, livrée à elle-même après le triste exil des rois, n'eut un moment d'espoir, dans ce profond délaissement, que le jour où Saint-Germain-l'Auxerrois fut dévastée et le palais de l'Archevêché ruiné de fond en comble. C'était là une assez belle occasion à saisir pour les âmes avides de témoigner de leur foi, même par le martyre! On allait donc enfin s'occuper de religion dans cette ville où personne n'en avait dit un seul mot, même pour la maudire! Malheureusement la colère du peuple ne dura pas, ce fut la colère d'un moment; l'église une fois ravagée, le peuple l'abandonna comme l'enfant abandonne son jouet; il fut question sur-le-champ d'en faire une mairie. Depuis qu'elle est fermée, cette vieille église, la paroisse de tant de rois et de tant de chrétiens, personne n'a demandé qu'elle fût ouverte de nouveau; personne ne va la voir, même comme on va voir des ruines, personne, pas même ceux qui trouvèrent un heureux mariage à ces autels, pas même ceux dont les aïeux ont été réveillés sous ces dalles brisées. Bien plus : la voirie a proposé de l'abattre, ce monument si élégant et si riche; il a fallu que M. de Châteaubriand élevât la voix du haut de son Ferney catholique pour sauver le monument chrétien! En vérité, ce n'était pas la peine d'être si formidablement dévasté pour si peu! Ce jour de colère n'a pas rapporté à l'Église de Paris ce qu'il lui a coûté. C'est la première fois que l'Église perdit à ce jeu contre la colère des peuples. C'est que la colère du peuple de Paris contre l'Église ne fut que la boutade capricieuse d'un instant. Blessé dans le respect qui lui était dû (nous étions bien voisins des trois jours, et le peuple était encore fort susceptible), le peuple se précipita dans le temple, il brisa le bois, la pierre, le fer, le marbre; il jeta par la fenêtre les meubles du curé, il lut sa correspondance à haute voix, il se coiffa des cornettes de la servante, il renversa la sainte hostie sans la voir, et sans même l'honorer d'un sacrilége particulier. Le lendemain, à l'Archevêché, ce fut la même fête. On eût dit, à voir voler en l'air la bibliothèque de l'Archevêché, une seconde bataille du *Lutrin*. Mais, cette fois, ce fut une bataille désastreuse, une perte presque aussi irréparable que celle des médailles qu'on a volées à la Bibliothèque. Hélas! tout fut détruit. Je les ai vus ces beaux livres, échappés par miracle aux Vandales sanglants de 93, tournoyer dans l'eau emportés par la vague, et s'abîmer contre les arches du Pont-Neuf, aux grandes acclamations de la foule joyeuse! Cette joie et ces rires étaient plus à craindre pour la foi que tout le sang des bonnets rouges. Les bourreaux déchiraient le prêtre : nos écervelés de Paris faisaient mieux que de déchirer le prêtre, ils abolissaient la foi! Les bourreaux se donnaient au moins la peine d'être athées : qui se donnerait la peine d'être athée aujourd'hui? L'athéisme qui s'emporte à de pareils excès est encore une croyance.

Voilà donc mon peuple qui fait en riant plus de mal que n'en firent jamais toutes les colères sérieuses de l'autre révolution!

La science théologique perdit ce jour-là le dernier et le plus vaste amas de livres dogmatiques qui fût en France. Puis, comme c'était un mardi gras, quand il n'y eut plus un seul tableau contre les murailles, une seule chasuble dans les armoires, un seul volume dans la bibliothèque, les joyeux dévastateurs allèrent se déguiser pour le bal du soir; et, sous le masque, en habits d'arlequin ou de gille, il eût été impossible de les distinguer des autres fous de la soirée, tant il y avait peu de colère dans leurs ravages, tant ces ravages étaient plutôt une œuvre de délassement, de plaisir ou de vengeance, que d'impiété ou d'irréligion!

Ma foi! le peuple de Paris avait bien le temps d'être impie un jour gras! Le peuple de Paris, faquin, flâneur, bon enfant, spirituel, lui impie le mardi gras ! Vous le connaissez bien le peuple ! Il est allé à l'église Saint-Germain-l'Auxerrois et à l'Archevêché parce qu'on y allait; mais pour voir passer le bœuf gras, pour le bal de la Porte-Saint-Martin, pour les saturnales de la barrière voyez comme il laisse l'Archevêché et l'église ! Plus d'Archevêché à ruiner, plus d'église à dévaster, plus rien que le bœuf à voir et le bal à traverser dans ce Paris tout à l'heure si en colère. Vous voyez bien que le catholicisme n'avait aucune persécution à espérer d'un peuple ainsi fait, d'un peuple qui abandonne l'église à moitié ruinée pour se livrer aux délices d'une journée de carnaval. C'est bien pour ce coup-là que nous pourrons dire : *Abomination ! désolation !*

Ainsi a passé la bourrasque. Quand le joyeux mardi, précédé de ses deux frères, nous eut fatigués presque autant que le dernier des trois fameux jours; quand les Monts-de-Piété, ces infâmes cavernes à usure qui dévorent la substance et les habits du peuple au profit de ses vices et de son oisiveté, regorgèrent de ses dépouilles; quand cette crise de joie eut passé comme était passée cette crise de révolution, Paris revint, à quelques émeutes près, à son calme habituel; toute la vie sociale, interrompue par des cris si divers, reprit son cours; le Palais-Royal resta le même, avec quelques sentinelles de plus à ses portes; les tribunaux replacèrent la sellette renversée, la presse périodique eut plus que jamais le procureur du Roi à ses trousses. Alors tout recommença pour nous, peines et plaisirs, folies, nouvelles, sérieuses dissertations politiques, calomnies et romans d'amour; l'Église seule trouva qu'elle avait perdu quelque chose, sa dernière et fragile ressource, le pouvoir. Elle avait perdu son présent et son avenir; elle avait perdu les ambitions du sanctuaire, les évêques courtisans, l'archevêque orateur politique, le roi de France aux autels, la sainte semaine et le deuil catholique du saint vendredi, les *Te Deum* solennels et les processions des grands jours, quand toute la cour de Charles X suivait à pied le dais du prêtre. Elle avait perdu tout cela, l'Église; elle restait, au milieu de cette révolution, seule, mourante, morte, non pas vaincue : elle était vaincue depuis longtemps.

Alors quelques âmes s'inquiétèrent de ce malaise, les unes par devoir, les autres, quelle honte! uniquement par ambition. Pour celui qui observe c'est une chose digne de remarque que ces efforts en sens contraires pour profiter d'une religion qui ne va plus.

Voyez M. de La Mennais, ce grand apôtre, ce sublime écrivain, ce chrétien si respectable, si respecté, cette grande voix qui nous a remués, nous autres sceptiques, aussi violemment que la voix de Jean-Jacques Rousseau, flétrissant tout le 18e siècle! Eh bien! voyant l'Église abattue, isolée, pauvre et triste, M. de La Mennais a élevé la voix de nouveau; il a parlé au nom de Dieu et de la liberté; il a appelé autour de sa parole puissante les débris épars de ce catholicisme dont il était resté le grand-prêtre en France. Qui ne croirait, dans ce silence religieux, que cette grande voix va être écoutée? qui se douterait que ce signe de ralliement ne paraîtra pas aussi haut dans le ciel que le *Labarum* de Constantin? Hélas! hélas! la grande voix n'a pas été entendue, le drapeau élevé dans le ciel n'a pas été salué sur la terre, M. de La Mennais *n'a pas été vainqueur par ce signe!* Voilà que M. de La Mennais, désavoué par un clergé qui a peur, part demain pour Rome, laissant son journal suspendu. Prosterné aux pieds du souverain pontife, il lui demandera, les mains jointes, la permission d'employer son génie et son reste de vie à défendre les restes du catholicisme dans cette France qui échappe au Saint-Siége, comme à peu près le reste de la terre lui a déjà échappé. En attendant, *l'Avenir* a cessé de paraître, malgré sa noble devise : *Dieu et la liberté!* Que voulez-vous faire pour la religion dans un royaume qui est resté sourd à M. de La Mennais catholique aussi bien qu'à M. de La Mennais républicain?

Chose étrange! cet instant misérable de décomposition religieuse, morne, éteint, flasque, sans poésie, sans style, sans couleur, sans énergie, c'est cet instant même que plusieurs sectaires du dernier ordre ont choisi pour introduire un schisme dans l'Église! Impudents novateurs! révolutionnaires sans courage, ignorants des choses de ce monde! ambitieux maladroits et sans portée! Ne voilà-t-il pas des hommes qui, faute de mieux, faute d'une sous-préfecture peut-être, ou d'une place de chanoine, se font schismatiques! Les voilà! regardez et comptez, s'il vous plaît, combien nous avons aujourd'hui de Luthers et de Calvins! Ils seraient Mélanchthon au besoin, si Mélanchthon, génie tout grec, n'était pas le plus doux, le plus humain et le plus mélancolique des esprits. Les malheureux! ils osent parodier Luther! Luther, cette torche ardente jetée sur des gerbes de blé! Voilez-vous la face! couvrez-vous de rougeur! Voilà comment tout se dénature! Quand vint Luther toute l'Europe était croyante, les saints étaient debout sur leurs piédestaux, la Vierge était adorée les mains jointes, le Vatican s'appuyait sur le trône des rois : c'était grand et beau alors à un pauvre moine allemand, en pieds nus et sans chemise, de venir jeter la réforme au milieu de cette union intime de tous les pouvoirs! Luther brisant l'autel, faisant trembler les cathédrales, luttant tout seul contre les foudres du Vatican, à la bonne heure! Voilà mon grand saint! saint par la parole comme par le dévouement, saint par le courage, saint par l'intelligence et le génie, saint par la rébellion! trois et quatre fois saint! Luther, homme de cœur et d'âme et de tenace volonté, orateur entre deux pots de bière, remuant toute l'Europe, assemblant les conciles, faisant trembler tout ce qui était debout, renversant, coupant, dévastant, jonchant la terre de croyances, d'églises, d'armées, de papes, d'évêques, d'indulgences, de messes, d'hosties, de confessionnaux; ouvrant les monastères, les tombeaux, le purgatoire; dénouant tout ce qui était noué sur la terre, et dans le ciel, et dans l'enfer; Luther et le 15e siècle unis tous deux, mariés tous deux, accouplés tous deux, heureux tous deux jusqu'à l'inceste, étonnés tous deux l'un de l'autre, grondant tous deux, se remuant tous deux! même lave, même fumée, mêmes cendres, mêmes feux bleus et rouges! Voilà qui était beau! Mais aujourd'hui, chez nous, à Paris, entre deux émeutes, après deux révolutions, parmi nos bourgeois vaniteux, nos femmes guindées et ménagères, nos artistes couleur de rose, à côté de notre Italie autrichienne, sous le joug de cette indifférence qui nous déshonore et nous perd, un 15e siècle, à nous! un Luther, à nous! une réforme religieuse en 1831, quelle triste parodie!

quelle profonde misère! quelle insolente vanité!

Cependant, de notre temps, un homme s'est rencontré qui a voulu être Luther; l'abbé Châtel, ou mieux encore, pour parler comme les adeptes, monseigneur François-Ferdinand Châtel a rêvé, lui aussi, sa réforme. Voyez l'impudence et le malheur de cet homme! Son rôle était beau encore dans le dépérissement de l'Église : il pouvait être pauvre, inconnu, laborieux et fidèle membre du catholicisme qui se perd; il pouvait souffrir en silence au milieu de ces ruines vénérables, il pouvait être catholique sous M. de La Mennais, il pouvait être obéissant et dévoué à ce pouvoir sans puissance: le malheureux n'a pas voulu! Il a renoncé de gaieté de cœur à ce dévouement chrétien; cette honorable fidélité lui a paru trop dure. Il s'est fait évêque à sa manière, il s'est fait chef d'Église, il s'est révolté! Et nous avons appris le même jour qu'il n'y avait plus d'Église à Paris et que nous avions une Église de plus.

A ce sujet, j'ai bien peur qu'en voyant le titre de ce chapitre on ne me reproche d'avoir donné trop d'importance à cet obscur schismatique. J'ai donc besoin d'expliquer ici que monseigneur Châtel n'est que le prétexte de cet essai, moins futile qu'on ne pense. Comme je voulais faire l'histoire des religions nouvelles de Paris, j'ai choisi l'abbé Châtel comme le type le plus niais de nos Mahomets de bazar et de carrefour. J'aurais pu tout aussi bien choisir Saint-Simon ou le grand-maître des Templiers; mais Saint-Simon avait une grande idée, mais au moins le chef des Templiers s'abrite derrière une vieille origine : l'abbé Châtel m'est donc tombé sous la main, et je l'ai pris comme il m'est venu, par hasard, sauf à faire aux autres dieux mes très-humbles excuses de cette préférence qui pourra les blesser.

Voici donc l'abbé Châtel qui lève l'étendard

de la réforme le lendemain de la révolution ! La réforme de l'abbé est de toute simplicité ; elle consiste en trois choses principales : d'abord à donner les sacrements, au plus bas prix possible, à tous ceux qui les demandent ; ensuite à donner les sacrements à tous ceux à qui l'Église les refuse ; enfin à remplacer la langue latine par la langue vulgaire, à dire en français : *Gloria Patri*, et *allez-vous-en, la messe est dite,* au lieu de *ite, missa est.*

Tel est à peu près tout le catéchisme de M. Châtel. Ce catéchisme traduit aplanit, comme on voit, bien des difficultés : il ouvre les portes de l'Église aux excommuniés de tous les genres, il met les sacrements à la portée de tous, il donne au vulgaire l'intelligence de la sainte messe, comme si nous n'avions pas des *Heures* traduites à l'usage des fidèles ! Aujourd'hui une religion, avec ses mystères et son culte, n'est pas plus difficile à établir que cela.

Aujourd'hui toute la recette pour faire

une religion pourrait se résumer en ces deux mots qui font tout le secret de ce siècle commercial :

Pour faire une religion, trouvez d'abord des actionnaires.

Une religion, c'est comme un journal; seulement, vu le prix du timbre, dans cette époque où la presse est délivrée de toute entrave, il en coûte beaucoup moins cher pour instituer un dieu qu'un rédacteur en chef.

Ce qui tuera l'abbé Châtel, c'est que les actionnaires ont manqué.

Ce n'est pas que M. l'abbé Châtel n'ait pas eu, lui aussi, son journal : le journal de l'abbé Châtel est au contraire la première chose que nous ayons vue affichée sur les murs de Paris après la révolution de juillet. Le prospectus de l'entreprise promettait beaucoup de tolérance et de charité chrétienne. Ce prospectus, pour le dire en passant, était une grande maladresse. L'abbé Châtel peut être un grand dieu, mais à coup sûr il ne sera jamais un grand journaliste, ce qui est bien autrement difficile de nos jours. En effet vendre de la tolérance religieuse et de la charité chrétienne après le 29 juillet, c'était la plus extrême maladresse, c'était le plus grossier des contre-sens, c'était faire jouer sous l'Empire les vaudevilles guerriers de 1815. Heureusement pour la race actionnaire l'abbé Châtel, faute d'actionnaires, a été obligé de suspendre son journal.

Le commerce chrétien, je ne dirai pas *catholique* (catholique veut dire *universel*), du dieu Châtel n'eut guère plus de succès que son journal. Vainement les sacrements étaient à rien dans sa boutique : personne n'en voulut, même pour rien. Les enfants prédestinés au paganisme (car, dans cette ville chrétienne, nous avons nos Bohémiens sans foi et sans Dieu, aussi nombreux qu'au 14e siècle) restaient païens malgré le baptême gratis; ou bien, s'ils étaient baptisés, ils étaient baptisés, je ne dis pas au même autel que leurs pères, la génération de 93 ayant eu fort peu l'habitude du baptême, mais au même autel du moins que leurs grands-pères, qui à coup sûr étaient chrétiens. Les morts eux-mêmes, les morts, expirés sans extrême-onction, passaient aussi fièrement, et sans s'y arrêter davantage, devant la boutique de l'abbé Châtel, que devant le temple catholique. Le nouveau schisme, faute d'actionnaires et de débouchés, fut bientôt à bout; la ruine vint le trouver au milieu de sa première ferveur, et il eut bien de la peine à se loger au quatrième étage d'une assez chétive maison de la rue Saint-Roch. Encore fallut-il bien cacher au propriétaire de cette maison quelle était la profession de son locataire, et qu'il donnait à loger à un dieu.

Vous autres, honnêtes gens de province, bonnes gens, mes frères, qui savez encore votre catéchisme par demandes et par réponses, qui allez à la messe le dimanche, qui mariez vos jeunes filles à l'église, qui faites maigre le vendredi et qui ne vous en portez pas plus mal, je suis sûr que tout ce que je vous raconte là vous paraît bien étrange! Vous vous étonnez de tous ces nouveaux cultes, vous admirez comment tous ces autels de carton s'élèvent sérieusement dans des sanctuaires de trois pieds, ayant pour tout encens l'odeur des cuisines ou de l'écurie; vous ne comprenez pas cela, vous autres! et vous sifflez outrageusement le saint-simonien errant, apôtre en frac et en casquette de loutre, commis vagabond de l'industrialisme et de la capacité. Vous avez bien raison, messieurs, de souffler sur ces autels et de siffler ces missionnaires; vous êtes avant tout des hommes de bon sens et de cœur; le positif, à vous, est votre bien. Mais, dans les choses qui tiennent à la foi comme dans celles qui tiennent à la liberté, il en est tout autrement à Paris.

Il existe à Paris une race d'oisifs qui échappe à toutes les analyses, à toutes les descriptions. Il y a des oisifs partout à Paris, sur les quais, sur les ponts, sous les ponts, à l'Institut, à la porte des théâtres, chez les oiseleurs, chez les marchands de tulipes et de roses, chez les marchands d'antiques et de nouveautés, chez les graveurs, chez les bouquinistes, dans l'atelier du peintre, chez moi, qui écris ces lignes entouré de charmants oisifs. L'oisif n'a pas de nom, il a tous les noms; l'oisif est de tous les âges, il est de toutes les couleurs; il est d'hier, il est d'aujourd'hui, il sera demain, il vivra toujours; il n'est pas de la veille, il n'a pas vécu; l'oisif ne sait d'où il vient, où il va, où il est. L'oisiveté est plus qu'une passion, c'est une industrie; dans une ville comme Paris l'oisiveté est plus qu'un besoin, c'est un luxe. L'oisif pose, loue, blâme, il sert d'enseigne, il annonce, il indique, il découvre, il amuse; il sert à faire remarquer tout ce qui se dit, se vend, s'achète et se fabrique dans la grande ville, l'esprit surtout. Chaque métier a ses oisifs, chaque art a ses oisifs, chaque renommée, vraie ou fausse, a ses oisifs. Ne vous étonnez donc pas, sachant celà, que la religion, elle aussi, cette puissance à son déclin, cette profession décolorée, cette renommée fatiguée de toutes parts ait ses oisifs.

Toutes ces religions nouvelles dont je vous parle sont donc soutenues par les oisifs de religion, à peu près comme les romans de mœurs sont soutenus par les portières, les marchandes de modes, les femmes d'huissiers, et autres lecteurs de même force. Nos oisifs de sacristie s'occupent de toutes les spécialités de leur ressort; ils tiennent, eux aussi, à compléter leur Callot. Dès qu'un nouveau prophète sonne de la trompette, ils font comme les oisifs de place publique, qui accourent assidûment autour de l'escamoteur, espérant toujours un bon paillasse. Ce sont ces oisifs-là qui forment le premier noyau des églises en l'air; ce sont les compères innocents de nos Mahomets des rues; ce sont eux qui ont fait verser les premiers fonds dans les caisses des saint-simoniens, qui ont fait cercle aux prédications de l'abbé Châtel, eux qui impriment à crédit les brochures des chrétiens selon saint Jean.

C'était vraiment chose curieuse de monter à l'église de l'abbé Châtel dans les premiers jours de sa fondation ! Vous demandiez au portier où le dieu était logé ; et le portier, d'un air nonchalant et vous parlant à peine, vous indiquait, au cinquième étage, le moderne Vatican, avec autant de mépris que s'il se fût agi d'un locataire qui n'avait pas payé son terme. Vous montiez. L'escalier était raide et tortueux. Il arrivait souvent que vous vous trompiez de porte : alors une jolie grisette, espèce de princesse déchue, en petit jupon et en tablier noir, vous disait d'un petit air boudeur : — *Ce n'est pas ici, monsieur*. Puis elle refermait avec impatience cette porte qu'elle avait ouverte en souriant. A la fin, à force de monter, vous arriviez à la porte du temple. Vous agitiez la sonnette au ruban sale : la porte s'ouvrait, et vous étiez dans le sanctuaire.

Quel sanctuaire, grand Dieu ! tout le ménage équivoque d'un garçon parisien : le rideau jadis blanc, le carreau froid et ciré, le buffet en noyer, les chaises en méchant acajou, la carafe d'eau jaunâtre, le briquet phosphorique sur la cheminée, et sur les murs, presque humides, des gravures d'un blanc pâle suivies de quatre lignes d'explication. C'était en ce lieu que se disait la sainte messe! c'était là qu'on ployait les genoux à cette ridicule parodie! Futiles Parisiens, qui vont un dimanche jouer avec les mystères, avec les croyances, avec les pompes de la religion de leur patrie! ingrats Parisiens, qui parodient le culte sacré de leurs pères ! ingrats et injustes et absurdes, qui couvrent de cette humiliation la vieille foi, les vieilles mœurs, le vieux sacerdoce, les cheveux blancs des pontifes, et dix-huit siècles de croyance ! Or toute cette profanation se passait, comme je vous le dis, en pleine paix, en plein jour, sérieusement! On s'agenouillait à l'*Introït*, c'est-à-dire au *j'entrerai;* on se frappait la poitrine au *meâ culpâ*, au *par ma faute;* on baissait la tête au *sanctus, saint! saint! saint!* Le prêtre était en robe blanche et en étole; il levait les yeux au plafond de sa chambre, il lisait l'Épître et l'Évangile en français. Vous eussiez dit, à voir cela par le gros bout d'une lorgnette de spectacle, ces enfants de bonne maison qui jouaient autrefois à la chapelle sous les yeux de leurs précepteurs. Voilà ce que c'était que l'église de l'abbé Châtel!

Or, comme vous le pensez bien, la même chose qui a manqué à l'Église de l'archevêque de Paris a manqué aussi à l'Église de l'abbé Châtel: la persécution, qui a fait saint Pierre et Luther, a manqué au Luther de 1830; Paris a laissé passer le nouveau culte comme quelque chose de tout simple. On n'a pas même chicané le pontife Châtel sur sa traduction de l'*Évangile;* on s'est tout au plus bouché les oreilles en entendant un mauvais langage français, sans césure et sans harmonie, psalmodié sur des airs qui n'étaient pas faits pour lui. Voilà tout ce qui est arrivé à l'abbé Châtel. On est allé quelque peu chez lui; on a dérangé ses meubles, on a terni son parquet, on a regardé ses gravures, on a examiné son calice de plomb; on a remis son chapeau sur sa tête, et on est sorti de cette chambre assez mécontent, comme on sort toujours d'un spectacle qui ne vous a rien coûté.

Faites donc des religions! soyez apôtre! exposez-vous à être martyr, pour être traité comme l'épicier du coin!

Dans ce siècle d'intrigues et de malaise, dans ce siècle qui a tout refait, qui a refait le moyen âge et le 18e siècle, les deux extrêmes dans l'art, l'extrême foi et l'extrême incrédulité, dans notre cotonneuse époque qui a tout imité, c'était pourtant une bien belle chose et bien nouvelle à inventer qu'un schisme!

Moi qui vous parle, curieux et flâneur qui me suis attaché de préférence aux petits détails de nos grandes révolutions, j'ai vu la religion de l'abbé Châtel dans toutes ses pompes, j'ai assisté à son jour d'éclat, j'ai suivi Châtel de son quatrième étage dans sa cathédrale improvisée de la rue Saint-Honoré; j'ai assisté à tous les mystères de sa doctrine, j'ai entendu tous les contre-sens de sa traduction française; j'en ai fait mon homme, ma science, mon histoire, mon bien; il m'a coûté tant d'ennui et d'indignation, cet homme mitré! Et voilà pourquoi je le fais servir de milieu à cette étude de nos croyances religieuses, si malades, si infirmes, et qui seront mortes demain tout à fait.

Il existe donc rue Saint-Honoré, à côté de la fontaine, un vaste bazar dans lequel on avait imaginé de vendre toutes les marchandises de luxe à juste prix. Dans ce Bazar on a établi de petits magasins en bois de chêne bien ciré : au milieu de chacun de ces magasins se tenait, dans le principe, une jolie petite marchande accorte et vive, décente pourtant, qui attirait le regard et l'argent, et quelquefois le cœur des chalands. Après les premiers mois d'engouement le bazar vit diminuer la foule, le bon marché le tua comme il tuera toujours les entreprises de luxe; peu à peu les jeunes marchandes délogèrent. Elles furent remplacées par leurs sœurs aînées d'abord; je ne jurerais pas à présent que leurs grand'-mères n'aient pas pris leur place. C'est ce même bazar que choisit l'abbé Châtel pour entonner dans tout son éclat sa liturgie française à l'usage des bonnes d'enfants, des faiseurs de vaudevilles et des académiciens de province, voire même souvent de Paris.

Il fallut de grands préparatifs pour venir à bout de ce pieux dessein : on chassa les vieilles marchandes, on enleva les petites boutiques, les marchandises délogèrent pour un jour. Cette fois les rôles étaient changés : Jésus-Christ avait chassé les marchands de son temple, il les chassait à présent de leurs boutiques; avec cette différence toutefois que les boutiques étaient louées pour ce jour de schisme. Quand le bazar fut vide on le couvrit de tentures louées aussi à l'entreprise des Pompes funèbres; on éleva un autel blanc sur ces tentures noires, on alluma des cierges dans des flambeaux de cuivre, on cacha la lumière du jour, on fit un sanctuaire tant bien que mal, on décrassa des enfants de chœur; l'abbé Châtel eut des acolytes; il entra avec ses deux acolytes, les mains jointes, tous les trois en grandes robes de prêtre, en chasubles; et alors la messe commença.

J'assistais à cette messe; j'y étais venu avec une parente à moi, une femme pieuse de ma ville dévote. Elle regardait cette profanation en rougissant. Le prêtre était à genoux, les assistants étaient debout. Je puis dire que cette messe, dite en français, parut à tous plus inintelligible mille fois que la messe latine. C'était chose bizarre en effet d'entendre ce prêtre en surplis, en aube blanche, se retourner vers nous et nous répéter, à douze ou quinze reprises : *le Seigneur soit avec vous!* à quoi les petits clercs répondaient en fausset : *et avec ton esprit!* O mon Dieu! quelle messe! quel style! Figurez-vous l'*Iliade* d'Homère traduite en vers français, figurez-vous l'*Énéide* en prose, figurez-vous le *Don Juan* de Mozart arrangé pour deux flageolets avec accompagnement de guitare, et vous aurez l'idée de cette profanation.

Tout le service continua de la même sorte. C'était une messe des morts pour la Pologne (voyez la prescience des religions qui commencent!) : on chanta entre autre prose le *Dies iræ*. Cette belle prose latine, grave, lente, majestueuse, sonore, dont le rhythme rimé a quelque chose de si lugubre, comme elle fut défigurée par ces traducteurs à son de trompe! Que de désenchantement dans ce pâle récit d'une résurrection si belle! que les terreurs du mourant dans le *Dies iræ* étaient décolorées, s'exprimant dans la prose de la Gazette d'Augsbourg! Si je n'avais pas eu peur d'être ridicule, comme je me serais levé de bon cœur pour dire à ce prêtre : — *Tu mens!* ce n'est pas là la religion catholique, apostolique et romaine, avec son beau langage, son rhythme savant, ses pompes si riches, ses pontifes sacrés! — Tu mens! ce n'est pas là la religion nationale! — Tu mens! ce n'est pas ainsi que parlent les maîtres chrétiens! La mort chrétienne a des élans inconnus vers le ciel dont tu n'as pas le secret. — Tu mens, prêtre renégat! Va te convertir avant tout, et puis reviens quand tu seras pardonné, reviens prier pour la Pologne; tu seras digne de prier pour elle alors! — Voici ce que j'aurais dit à ce prêtre si le sang-froid des assistants à cette messe n'avait pas été si naturel et si vrai. Rien n'étonnait ce monde de curieux : ni cet autel improvisé dans une boutique, ni ces prêtres parlant une langue plus qu'étrangère, une langue barbare, ni ce dieu qui se faisait homme sur une table de Cabaut, ni ces chanteurs de l'Opéra qui chantaient en chœur, ni cet évangile dévoilé, ni cet encens manqué, ce faux parfum qui brûlait à la place même où, la veille, se marchandaient des tapis de laine, rien de tout cela n'étonna l'assemblée! Jamais on ne fit plus semblant et mieux semblant d'écouter une messe : on eût dit d'une assemblée depuis longtemps disciplinée. Elle écoute, elle regarde, elle salue, elle se lève, elle met la main à la poche pour les frais du culte, oubliant qu'elle avait déjà payé en entrant; même il y en eut plus d'un parmi ces chrétiens au rabais qui chercha l'eau bénite avant d'entrer ou de sortir du temple. Quel peuple! quel être mobile! Qu'il est facile de faire une révolution avec ce peuple bouche béante, l'œil ouvert, et qui regarde tout passer! peuple curieux avant tout, sans âme, sans cœur, sans souvenirs, curieux et idiot, qui regarde couler l'eau, et qui s'amusera tant que vous voudrez à cracher dans un puits pour faire des ronds, comme ce grand flandrin de vicomte dans Molière. O le peuple ! C'est bien celui-là qui a des oreilles pour ne pas entendre, qui a des yeux pour ne point voir ! il se met en haie sur la route de l'Océan, et tour à tour il voit passer l'Empereur chargé de fers, puis l'Empereur précédé par les aigles, puis l'Empereur enchaîné, puis trois fois aussi la royauté des Bourbons enchaînée des mêmes fers et couronnée de la même couronne ! Le peuple est tout occupé à ce spectacle, qui est devenu monotone chez nous, chez nous trois et quatre fois malheureux ! il n'a pas une larme pour l'étrange drame qui passe et repasse si tristement sous ses yeux. Il se presse sur la route de Cherbourg pour être au lever de la toile à chaque révolution nouvelle; et puis à la fin de l'action, quand la dernière révolution a passé aussi lentement que le tombereau de la Grève, le peuple n'a pas une larme, pas un instant de colère, de pitié, de reconnaissance et d'amour pour ces vaincus dont il touche les guenilles, pour ces ruines qu'il foule aux pieds, pour ces triomphes d'hier, qu'il applaudissait hier à genoux et qu'il siffle impitoyablement aujourd'hui! Le peuple! ô le misérable sans entrailles et sans cœur! Enlevez-lui son roi : il ira offrir le trône vide au premier qui passe; enlevez-lui son Dieu : il offrira au premier schismatique ce temple désert; Jésus-Christ s'en va : ouvrez la porte à Mahomet, ainsi le veut le peuple; amenez Mahomet au peuple! à toi, Mahomet, si tu en veux, ce qui reste du temple de Jésus-Christ!

Cela est fatigant à penser, n'est-ce pas? qu'une nation ne tienne pas davantage à ses croyances! C'est pitié de penser que les ennemis peuvent entrer dans la ville, et que personne ne prêtera son char pour sauver les dieux qu'on traîne au Capitole! Brûlez la ville, que le Cosaque mette le feu à Paris : Énée emportera son père peut-être, mais à coup sûr il oubliera d'emporter les dieux Pénates, les dieux de la patrie et de la famille! Au feu les dieux! — Voilà comment j'ai assisté à la messe de l'abbé Châtel, dans une chambre à coucher d'abord, puis ensuite dans le bazar Saint-Honoré. Mais, chambre ou bazar, je suis sorti de cette messe honteux de moi-même et des autres, honteux pour cette ville où se fondait un nouveau schisme sans que personne s'en doutât. Croyez donc à la stabilité des trônes nouveaux quand vous voyez où les religions nouvelles viennent aboutir!

Il était dit que ce jour-là (le jour de la messe au bazar) était un jour de complète profanation : M. Casimir Delavigne avait fait des vers pour cette cérémonie; et quand toutes les prières ont été dites, quand on a eu assez profané la messe, assez profané la poésie de M. Delavigne et la belle voix d'Adolphe Nourrit, alors on a profané aussi l'oraison funèbre : à la fin de cette messe un vieillard imbécile, aux lèvres pendantes, à l'œil terne et mort, a osé mettre un pied plus que profane dans l'oraison funèbre, ce domaine de Bossuet! Je ne sais quels mots étranges il a balbutiés, quelles phrases d'écolier il a débitées ; mais, pour moi, ce que je sais fort bien, c'est qu'en présence de ce ballot de foin changé en autel, en présence de ces paroles à peu près françaises, informe patois qui n'a de nom dans aucune langue, dans cette boutique changée en temple, prêtant l'oreille à ce vieillard sans parole et sans voix, je compris pour la première fois de ma vie, et bien mieux encore qu'en lisant le *Génie du Christianisme*, ce que c'était en effet que la religion de saint Jean Chrysostôme, de Raphaël et de Bossuet, cette religion qui nous a donné les oraisons funèbres et Saint-Pierre de Rome, qui a enseigné l'art au moyen âge, la poésie au 17e siècle, qui a animé, fécondé, agrandi l'âme et le cœur et l'intelligence des peuples, qui a sauvé l'humanité sous le règne de Néron, et qui est morte le jour même où il n'y eut plus d'avenir pour les nations.

Je suis sorti de la messe de l'abbé Châtel

aussi malheureux qu'un honnête négociant qui se retire d'une maison de jeu après avoir gagné au jeu.

Au milieu de la rue Saint-Honoré je passai devant l'église Saint-Roch, et je me découvris devant ce bâtiment si beau, si vieux, si révéré, si saint, si plein de mystères, de souvenirs et de saintes reliques, antique et vénérable vestige de notre ancienne foi, morte aujourd'hui, isolée, inutile, et dont les hommes ne veulent plus.

Le dimanche suivant je conduisis ma jeune parente à Saint-Sulpice; je lui devais ce dédommagement.

Il faisait beau ce jour-là. Le temple était à peu près désert comme tous les jours; une seule chapelle réunissait quelques fidèles; en arrivant, et sans s'être jamais vu, chacun avait l'air de se connaître; on se savait mutuellement bon gré de se rencontrer là. Je n'ai vu nulle part, dans nos salons les plus simples, une société plus choisie. Il y avait beaucoup de jeunes femmes qui priaient, beaucoup de femmes âgées qui se tenaient assises et qui lisaient dans leurs *Heures;* je vis deux ou trois jeunes gens qui priaient avec ferveur, et je leur portais envie. Sans nul doute c'était un spectacle attendrissant que celui-là, pour moi surtout qui n'y étais pas habitué. Cette vaste église, ces hommes qui osent prier encore, ces jeunes enfants qui savent prier déjà, le costume élégant et grave de ces femmes qui sont restées chrétiennes dans ce monde parisien, si indifférent à toute croyance, c'était là un spectacle fait pour attendrir. Ajoutez que nous avions passé à travers une époque hypocrite, à travers une révolution indifférente : être à la messe ce jour-là, c'était un acte d'opposition ! Sous ce rapport, la révolution de juillet a servi sans le savoir les croyances catholiques en France. Quand la messe était une obligation officielle, que de vils intrigants se sont agenouillés à la messe ! que de honteuses grimaces ! que d'ambitions forcenées ont usé de toutes choses pour arriver, et même du sacrilége ! Si bien qu'en ces temps d'hypocrisie politique, quand Tartufe s'était fait homme d'état, l'honnête homme n'osait plus prier en public; si bien qu'on rougissait d'aller à l'église presque autant que dans l'antichambre du ministre. Aujourd'hui tout cela est changé heureusement : il n'y a plus d'hypocrites de dévotion aujourd'hui; c'est la seule hypocrisie que nous ayons perdue. La liberté nouvelle nous a au moins permis d'aller à la messe sans danger pour notre réputation d'honnête homme. C'est une liberté comme une autre, celle-là.

J'ai dit que l'abbé Châtel n'était pas le seul réformateur de notre temps; et en effet, de nos jours, les réformateurs ne se comptent plus : aujourd'hui on élève église contre église, autel contre autel. Saint-Simon est l'égal de Jésus-Christ, saint Jean est le maître de Saint-Simon. Écoutez, et silence : Saint-Simon est dans son jour oratoire ! Tout lui est bon pourvu qu'il parle; Saint-Simon est un apôtre bavard de sa nature; il a été bavard avant d'être dieu. Il a commencé à parler dans un wauxhall consacré à la danse; il voulait, le mois passé, louer un théâtre pour ses prédications : en attendant il prêche dans un bazar. L'influence du bazar sur les religions égalera celle des catacombes de Rome sur le catholicisme, vous verrez! Je ne serais pas étonné que les propriétaires de grandes salles publiques, dans leurs circulaires d'abonnement, à ces mots ordinaires : *Fait noces et festins, réunions de corps, concerts,* n'ajoutassent bientôt : *et prêche des religions.* Mais la religion saint-simonienne est toute une histoire à faire; c'est un grand ridicule à exploiter : qu'un autre plus hardi que moi l'exploite. Je me suis donné pourtant bien des peines pour la comprendre, cette fugitive doctrine de l'industrialisme fondé sur l'amour : le matin j'ai entendu une prédication du cadinal Barrault, et le soir du même jour j'ai entendu une comédie en cinq actes du même pape au Théâtre-Français; mais je me suis endormi au sermon le matin, on a sifflé la comédie le soir : je me suis trouvé aussi ignorant après la comédie que je l'étais après le sermon; et tout cela m'a laissé de trop faibles souvenirs pour en parler longuement.

Ce que je puis vous dire, c'est que le mieux est, à chacun de nous, de rester dans la religion où nous sommes, ne fût-ce que pour nous montrer hommes de courage. Quoi qu'on vous dise, vous attendrez pour ouvrir les yeux que la lumière soit placée sur le boisseau, vous attendrez pour ouvrir les oreilles que le novateur s'appelle Mahomet ou Luther; vous laisserez à eux-mêmes ces ridicules efforts de prophètes sans mission et sans crédit qui n'ont même pas l'enthousiasme banal de la conviction; vous craindrez également les traductions de l'abbé Châtel, les brochures du secrétaire patriarcal selon saint Jean, et l'éloquence du pape Bazar, double pape il y a quinze jours, et qui s'est dédoublé en faisant descendre d'un degré son égal en papauté, Enfantin. Mais ici je m'arrête avec respect et tremblement; je ne veux pas entrer dans les mystères de cette nouvelle religion. Il est dangereux d'avoir beaucoup de dieux pour ennemis.

Si je n'ai pas été trop diffus, vous avez compris deux choses qu'il était important de vous démontrer dans cette difficile étude du Paris moderne : à savoir que, si le christianisme périt sous l'indifférence religieuse, cette même indifférence empêchera toujours une nouvelle religion de s'établir. Sans intolérance il n'y a pas de religion possible; le martyre est le grand fondateur des religions; c'est un des préjugés de l'Europe croyante que le martyre prouve le dieu. Voyez l'Irlande : si le bill de lord Grey vient à passer, dans quarante ans l'Irlande aura cessé d'être le plus catholique des trois royaumes; voyez l'abbé Châtel : l'abbé Châtel, non persécuté, sera un enfant de chœur barbu dans une église de village avant six mois;

voyez Saint-Simon : Saint-Simon faisait un journal où chacun devait s'abonner; on s'y est si peu abonné que Saint-Simon donne son journal pour rien en attendant que le journal expire. Or personne ne veut du journal, personne ne veut de la brochure de saint Jean, c'est avec grande peine que Châtel a placé à Clichy-la-Garenne un curé de sa façon. Voilà donc trois dieux à peine nés qui sont presque morts. O pauvres dieux! le métier que vous faites est triste! Prenez garde à l'infâme banqueroute! c'est une rude chose que Sainte-Pélagie! O pauvres dieux! il est bien difficile, surtout à des dieux, d'avoir du linge blanc, des habits neufs, un dîner chaque jour, et de payer un loyer tous les trois mois! O pauvres dieux! soyez attentifs à ma prédiction! faites un métier plus honnête que celui que vous faites, et respectez toujours vos pères et mères, la charte constitutionnelle du royaume, le percepteur de l'impôt indirect et le commissaire de police du quartier!

Que si nos dieux sont trop fiers et rejettent avec dédain mon enseignement tout paternel, dites-leur : — O grands dieux, pas tant d'orgueil! Rappelez-vous que vous êtes des hommes soumis à toutes les chances des hommes! Grands dieux, si vous doutez de votre humanité, tâtez-vous le pouls quand vous avez la fièvre, regardez comme vous êtes pâles quand vous vous battez en duel; ou tout du moins essayez de marcher sur l'eau quand vous n'avez pas dans votre poche de quoi passer le Pont-des-Arts.

Nous étions l'autre soir fort occupés, au coin du feu, à ne rien faire, et, qui plus est, à ne songer à rien. Chacun de nous avait fini sa journée et se reposait des mesquines agitations de ces quatre ou cinq heures de chaque jour, qu'on appelle *la vie*. A force de ne songer à rien nous en vînmes à traiter sérieusement plusieurs questions sérieuses; et, si l'un de nous écrivait ses *Tusculanes*, nul doute qu'il n'eût écrit d'un bout à l'autre toute notre

LES INFLUENCES

DE

LA PLUME DE FER

EN LITTÉRATURE.

conversation ce soir-là. Tout d'un coup l'un de nous, dont le nom n'a rien de fantastique, qui ne s'appelle ni Frantz ni Puzzi (il s'appelle Thomas), saisissant du pouce et de l'index un fragile morceau de métal taillé qui brillait devant l'âtre comme une épingle noire tombée des cheveux de quelque belle fille italienne :

— Pardieu! s'écria-t-il, la belle trouvaille que j'ai faite! Je croyais que c'était quelque chose : ce n'est qu'une plume, et une plume de fer encore! Qui de vous veut ma trouvaille pour une prise de tabac?

Ferdinand, qui est le cousin-germain de Thomas, se mit à lui réciter d'un air goguenard les quatre vers qu'on a décorés du nom pompeux de *Fable de La Fontaine :*

Un ignorant rencontra
Un manuscrit, qu'il porta
Chez son voisin le libraire.
— Je crois, dit-il, qu'il est bon,

Mais le moindre ducaton
Ferait bien mieux mon affaire.

— Et c'est toi qui es le coq de cette plume, mon pauvre Thomas, ajouta Ferdinand. La plume c'est comme la langue dans Ésope.

— C'est ce qu'il y a de meilleur et de plus mauvais, reprit Thomas.

— Qui soulève les passions, dit Ferdinand.

— Qui calme les passions, s'écria Thomas.

— Et si vous allez toujours ainsi, répliqua Honoré, nous allons avoir la plus belle kyrielle de lieux communs qui aient été débités depuis qu'on écrit des fables.

— Ferdinand est toujours beaucoup trop pressé d'avoir des idées, reprit Thomas. Il vient de m'arrêter, et c'est tant pis pour vous, dans la plus belle série d'imprécations toutes nouvelles qui jamais aient eu envie de sortir du crâne d'un homme. Mais, c'en est fait, me voilà apaisé, et, s'il vous plaît, nous retournerons aux lieux communs pour ce soir. Je laisse donc la parole à mon cher et féal cousin Ferdinand, et à vous tous, ses dignes collaborateurs.

Ainsi parla ce digne Thomas. Thomas est une de ces imaginations paresseuses qui ne se mettent en frais d'esprit et d'invention que dans des circonstances extraordinaires, lesquelles circonstances il faut saisir en toute hâte si l'on veut en profiter. Penser est pour lui une fatigue presque aussi grande que parler ; il ne comprend guère qu'on écrive autre chose que ces mots tous les trois mois : « J'ai reçu de M*** trois cent « quatre-vingt-dix francs (il y avait cin« quante centimes; mais il les a retranchés, « attendu que c'était trop long et que l'argent « ne valait pas les mots à écrire), pour ma « rente de, etc. » A aucun prix vous ne lui feriez écrire un mot de plus; et encore se plaint-il qu'un honnête homme ne puisse pas toucher sa rente sans coucher son nom sur un papier. Il y avait donc tout à parier que Thomas, ainsi dérangé par son cousin dans une idée subite, allait laisser tomber impitoyablement un magnifique sujet de disputes, de controverses et d'argumentations.

Mais ce n'était pas là notre compte; et, pour forcer Thomas à rentrer dans l'idée dont il était sorti, nous prîmes soin de garder le silence. Si nous lui avions dit : — Allons, frère, dis-nous ton idée, il n'aurait pas soufflé mot de huit jours; mais, nous voyant aussi peu animés à l'entendre que s'il se fût agi d'un long discours politique sur le sucre indigène, il reprit soudain la parole pour ne pas la quitter de sitôt.

— Oui, dit-il (et notez bien qu'il tenait toujours dans la main cette plume de fer), voilà, messieurs, la cause finale de tous les maux qui accablent de nos jours la société tout entière. Il y a dans je ne sais quel poëte une éloquente imprécation contre le premier qui aiguisa le fer et qui fit une épée de cette masse inerte, *ferreus ille fuit qui*, etc. ; mais, par le ciel! maudit soit, et cent fois plus maudit, le premier qui fit du fer une plume! Celui qui a fabriqué la première épée n'a tué, à tout prendre, que des corps : celui qui a fabriqué la plume de fer a tué l'âme, il a tué la pensée; vil scélérat, il a armé l'espèce humaine d'un stylet plus formidable que tous les poignards empoisonnés de feue l'Espagne! Mais cependant ne vous attendez pas à ce que je vous fasse à ce sujet une sortie en *quousquè tandem*; j'ai la prétention de vous parler aussi niaisement que Ferdinand récitant sa fable:

> Un ignorant rencontra
> Un manuscrit, qu'il porta...

Je suis sûr que c'est la seule fable que Ferdinand sache par cœur.

Après ce bel exorde, Thomas rentra dans son calme habituel; et, sans déclamer, il se livra à une piquante dissertation littéraire que je voudrais, mais en vain, reproduire en entier.

— Il suffit, nous dit-il, de comparer entre elles la plume de fer, dont on se sert de nos jours, et la bienveillante plume d'oie, dont se servaient nos bons et spirituels aïeux. La plume de fer, cette invention toute moderne, vous jette tout d'un coup une impression désagréable : cela ressemble, à s'y méprendre, à un petit poignard imperceptible trempé dans le venin ; son bec est effilé comme une épée, il a deux tranchants comme la langue du calomniateur. En jouant de ce petit stylet vous voyez un œil incessamment ouvert comme l'œil du Cyclope, et quand la plume marche sous votre main, ce petit œil s'ouvre et se referme comme fait l'œil d'un espion. A ce petit fer qui blesse le doigt qui le touche vous ajoutez un manche, un morceau de bois tout sec et tout nu, difforme, et dont le contact vous blesse la joue, pendant que vos trois doigts sont cruellement meurtris à force de presser ce fer, qui crie et qui crache tout autour de votre pensée. Ainsi dans la plume de fer (*plume* et *fer!* Il faut déjà faire hurler deux mots de notre langue pour parler de cette affreuse machine!) tout est rude, triste, sévère, froid au regard, froid à la main. Ainsi armé, il vous semble impossible que vous puissiez accomplir quelque chose de grand, de noble, de généreux, d'humain. Pour ma part, écrire une chose honnête avec ces horribles morceaux de fer, ou boire un honnête et frétillant vin de Champagne dans la coupe des Borgia, ce serait la même tâche, c'est-à-dire une tâche impossible; et je vous crois de trop honnêtes gens pour douter un seul instant que vous soyez de mon avis.

Mais la plume d'oie au contraire, voilà une facile, bienveillante et bien-aimée confidente de nos pensées les plus chères! Rien qu'à la voir je me sens réjoui jusqu'au fond de l'âme. Cette plume, c'est en effet le duvet sur lequel se joue la pensée qui vient de naître, comme l'enfant s'agite dans son berceau. Ce n'est plus là un triste métal, longtemps enfoui dans la terre, passé au feu, passé à l'eau, passé à l'enclume, torturé dans tous les sens jusqu'à ce qu'enfin il rende au monde tortures pour tortures; mais au contraire cette plume, qui va nous servir à donner du corps à nos pensées, une figure à notre parole, elle s'associe à mille heureux et bienveillants souvenirs : avant d'en faire notre heureuse et fidèle confidente, nous l'avons vue se jouer mollement sur l'onde ou se sécher au soleil, brillante de mille perles; cette plume, elle est la cousine-germaine et chantante du fin duvet sur lequel nous reposons notre tête le soir; cette plume a été l'honneur de notre amie domestique; l'animal qui la porta nous a servis comme un chien fidèle : il nous a donné ses petits et ses œufs; il a mangé notre pain, il a été notre domestique dévoué et fidèle; il a défendu nos dieux paternels comme autrefois il défendit le Capitole. Et ensuite quelle différence dans le double aspect de ces deux instruments de la pensée, qui portent à tort le même nom! La plume de fer est horrible à voir; lourde et froide à porter, elle résiste à la main qui la mène; elle est comme un cheval sans bouche ni éperons, qui vous emporte partout où il lui plaît d'aller. La plume d'oie est blanche, et nette, et légère; son tuyau flexible frémit de plaisir entre les doigts qu'elle anime, son duvet caresse légèrement la joue, son bec docile se prête à toutes les combinaisons du style; elle va doucement à son but, sans bruit, sans efforts, sans aucun de ces affreux crachements et de ces bruits aigus de la plume de fer. A travers ce limpide canal il vous semble que vous voyez vos idées descendre lentement et en bon ordre, l'une après l'autre, comme elles tombent en effet d'une tête bien faite. La plume de fer au contraire, elle est morne, elle est vide, elle est obscure; elle a un œil pour tout voir, mais ce qui se passe dans ses entrailles nul ne le sait; elle n'a pas d'entrailles! Elle brise, elle déchire, elle est violente, elle écume, elle fait peur!

Voilà pour la description physique des deux rivales. Quant aux considérations physiologiques de mon sujet, elles sont sans nombre. Le moindre inconvénient de la plume de fer c'est d'être toujours et à chaque instant toute prête à écrire sur toutes sortes de sujets. Vous ne prenez pas la plume de fer : c'est elle qui vous prend. Elle vous tient par la bride, et il faut marcher avec elle; il faut aller, il faut courir à droite et à gauche, çà et là, par monts et par vaux; sauve qui peut! Elle est impitoyable; c'est la machine à vapeur de la pensée. Elle jette autour d'elle plus d'encre que d'idées, plus de fumée que de feu. Point de retard, point de repos, pas un moment de réflexion; vous êtes l'âme damnée de la plume de fer. Allez donc, allez toujours! elle commande, il faut obéir. A mesure que votre main se fatigue et s'irrite à tenir cet affreux stylet de brigandage, votre esprit obéit malgré lui à votre main : il s'irrite des difficultés, il s'emporte sans savoir où il va. Se voyant entraîné ainsi, il est à la fois plus irréfléchi et plus impitoyable; rien ne l'arrête et rien ne lui fait peur une fois entraîné, perdu, égaré dans ce tourbillon d'encre, de ténèbres et de nuages. Vous demandez pourquoi tel homme, d'un esprit doux et sémillant, est terrible et sans pitié la plume à la main? Rien n'est plus simple : cet homme écrit avec une plume de fer! pourquoi celui-là, dont la parole et abondante et cadencée, est brusque et impoli dans son style? cet homme écrit avec une plume de fer! pourquoi celui-là, qui est sage, calme, sans passions, renverse et brise dans ses livres l'autel et le trône? il écrit avec une plume de fer! pourquoi ce bonhomme, qui autrefois s'amusait à pêcher à la ligne, se plaît aujourd'hui dans d'obscures et ignobles calomnies qui n'amusent personne et qui lui font horreur et dégoût à lui-même quand il les a écrites?

croyez-moi, c'est l'influence de la plume de fer. Vous parlez de la poudre à canon, du feu grégeois, des chartes constitutionnelles : misères, comparées à la plume de fer !

Mais la plume d'oie ! la plume d'oie, au contraire, c'est la plume qui enfante les chefs-d'œuvre ; nous lui devons les plus beaux livres qui aient honoré l'esprit humain et la langue française, elle est la mère de toute sage réflexion. Grâce à elle, les hommes d'autrefois (et certes on ne dira pas que ceux-là ne savaient pas écrire) étaient forcés d'écrire leur pensée avec une sage lenteur ; et ces lenteurs, c'était autant de gagné pour la noblesse du vers, pour l'élégance de la prose, pour la beauté limpide du style. La plume d'oie, loin d'être toujours toute prête et toute taillée comme la plume de fer, exige au contraire mille petites préparations qui vous donnent le temps, à l'insu même de votre esprit, de réfléchir à ce que vous allez dire. D'abord il faut la tailler de vos mains, et c'est là un moment solennel de votre travail : tout en aiguisant le bec de votre plume, votre pensée s'aiguise elle-même; vous allez chercher l'idée dans le fond de votre cerveau tout comme vous allez chercher la moelle de votre plume. Quand votre plume est taillée, il vous la faut essayer avant de vous mettre à l'ouvrage, et c'est comme un petit délai dont votre pensée profite : si votre idée n'est pas bien nette encore, si vous n'êtes pas encore très-sûr de ce que vous allez dire, si votre discours n'est pas nettement dessiné dans votre esprit, si vous ne voyez pas d'un coup d'œil ce qui est la première condition de l'écrivain, le commencement, le milieu et la fin de votre œuvre, alors, ma foi! et sans vous chagriner vous-même, en avouant à vous-même que vous n'êtes pas prêt encore, vous donnez encore un petit coup à votre plume. Cependant l'idée arrive enfin, nette, claire, précise, heureuse, et avec l'idée arrive l'expression. D'abord vous avez écrit lentement : vous essayez votre plume;

puis bientôt, comme un cheval bien ménagé, la plume marche plus vite; elle est souple, docile, fidèle; elle obéit à la main, ou plutôt à l'esprit qui la dirige; un léger zéphyr, présage heureux, enfle la voile gracieusement courbée; vous voilà en plein air, en plein soleil, marchant sans courir dans une belle plaine sablée, allant à votre but, tantôt avec la rapidité de la flèche, tantôt par mille heureux et ingénieux détours; car, vous le savez, pour aller au cœur de l'homme la ligne droite n'est pas toujours le chemin le plus court. Cependant l'idée vient-elle à manquer, le besoin du repos vient-il à se faire sentir: la plume intelligente s'arrête d'elle-même. Vous profitez de cette douce halte pour jeter un coup d'œil en arrière; vos pensées, à peine écloses, se déroulent devant vous dans tout leur éclat printanier; après quoi vous reprenez votre course, plus reposé et plus inspiré que jamais. Vive la plume d'oie! à bas la plume de fer!

D'autant plus que voici une raison sans réplique. Comparez, je vous en prie, les chefs-d'œuvre écrits avec le fer aux chefs-d'œuvre écrits avec la plume. Quelle différence, grand Dieu! entre ces deux procédés, et quel immense abîme les sépare! La plume d'oie, ou plutôt la plume de cygne, vous a donné tous les chefs-d'œuvre du grand siècle, œuvres du goût, de la raison, du bon sens et de l'esprit français. Ces nobles œuvres méditées à loisir, qui vivront éternellement et à l'éternel honneur de l'esprit humain, *l'Art poétique* de Despréaux, les tragédies de Racine, les chapitres de Labruyère, les comédies de Molière, les *Fables* de La Fontaine, à quelle plume les devons-nous? Croyez-vous que les grands génies du grand siècle, si attentifs sur eux-mêmes, se seraient fort accommodés de cette furie sans frein qu'on appelle *la plume de fer?* Ils avaient la main trop légère et l'esprit trop posé. Pascal lui-même et Bossuet, ces génies sévères, ces terribles chrétiens, auraient eu peur de se servir de cette arme acérée; car dans Pascal et dans Bossuet vous trouvez souvent, de temps à autre, telle phrase partie du cœur que jamais la plume de fer n'aurait écrite. — *Elle florissait, avec quelles grâces, vous le savez, messieurs,* et toute cette touchante peinture d'Henriette d'Angleterre, quelle plume l'a donc écrite? Car la plume des grands écrivains sait au besoin être énergique et forte; mais la plume de fer, elle ignore la grâce, elle ignore ces mille charmes si touchants auxquels elle ne saurait se plier; elle procède par sauts et par soubresauts que nul ne saurait expliquer. Savez-vous quelles sont les œuvres de chaque jour? Frémissez! C'est la plume de fer qui écrit ces longs articles de journaux politiques qui ont endurci les esprits et le cœur de la nation la plus policée et la plus éclairée de l'Europe; c'est la plume de fer qui jette chaque matin en pâture aux oisifs tant de calomnies déshonorantes pour une nation comme la nôtre; c'est la plume de fer qui a remis en lumière les sanglantes théories de 93, évangile de cannibales auquel la plume de fer a ajouté des notes et des titres de chapitres; c'est la plume de fer qui s'est chargée de réhabiliter dans l'art le laid et le difforme, c'est elle qui a écrit ces magnifiques théories littéraires où il est démontré que la courtisane et le forçat sont désormais les seuls héros du poëte, et qu'il n'y a dans les arts que les guenilles, la lèpre, les pustules et les ruines de tous genres. Avec quelle plume pensez-vous que nos grands génies modernes aient écrit ces affreux mélodrames où les cadavres sont entassés sur les adultères, où le cercueil suit de près le poison et le poignard, où toutes les passions difformes s'agitent indignement en hurlant d'horribles paroles empruntées à l'argot du bagne et de l'enfer? C'est la plume de fer qui a écrit tous ces drames. Elle est la plume chérie de l'usurier qui dépouille un pauvre jeune homme amoureux, du faussaire qui vole tout l'avenir d'une famille, du juge impitoyable qui signe un arrêt de mort, de la coquette sans cœur qui griffonne en souriant les cent mille petits prétextes d'une vertu qu'elle n'a pas. La plume de fer c'est la honte, c'est le déshonneur, c'est le fléau des sociétés modernes. Enfin, je vous le dis, le monde ne mourra ni par la vapeur, ni par le gaz hydrogène, ni par les ballons, ni par les chartes constitutionnelles, ni par les chemins de fer, le monde mourra par la plume de fer!

Je sais bien quelles objections pourront me faire quelques petits esprits à demi savants en faveur de cet horrible stylet sans âme et sans cœur. — La plume de fer, diront-ils, descend en ligne directe du stylet antique: *sæpe stylum vertas*. — Mais quelle mauvaise et fallacieuse défense! Le stylet antique traçait les lettres romaines sur un enduit de cire qui en amortissait singulièrement la furie: la plume de fer ne trouve en son chemin pas un obstacle; le stylet antique, obligé de se frayer la route dans cette couche de cire, allait péniblement au pas : la plume de fer court au galop ; le stylet antique gravait à grand'peine quelques lignes, qu'il était toujours facile d'effacer en retournant contre les lignes écrites l'autre bout de la plume : la plume de fer grave sur le papier comme on graverait sur le cuivre, et elle ne revient jamais sur ses pas. C'est une improvisation qui ne sait ni effacer, ni corriger, ni s'arrêter ; il faut qu'elle marche ! Tant pis pour les erreurs, tant pis pour les crimes, tant pis pour les calomnies qu'elle jette en chemin !

D'où je conclus comme j'ai commencé : ce méchant petit morceau d'acier, interposé dans la civilisation française, y jette tout à fait le même désordre que le grain de sable *placé là*, comme dit Bossuet en parlant de l'urètre de Cromwell. Les grands critiques cherchent bien loin d'où viennent tant de barbarismes imprévus ; les grands politiques cherchent bien loin d'où viennent tant de résistances imprévues; et ils ne savent pas s'en rendre compte à eux-mêmes, par la raison qu'ils sont en effet de très-grands critiques et de très-grands politiques; aucun d'eux n'a songé à la plume de fer. En effet, c'était là une solution trop simple et trop facile à prouver.

Enfin que vous dirai-je? On m'assure que de grands génies, qu'il faudrait tuer à bout portant, s'occupent, à l'heure qu'il est, à *perfectionner* la plume de fer. *Perfectionner* la plume de fer, grand Dieu! Eh! malheureux! dans quel but? Ce perfectionnement consisterait à trouver une plume de fer qui portât elle-même et qui distillât son encre, comme le serpent porte et distille son venin. Par ce moyen une rapidité nouvelle serait ajoutée à cette rapidité déjà effrayante; la main de l'écrivain resterait constamment fixée sur le papier sans même que l'esprit eût, pour se reconnaître, le léger intervalle qui sépare encore la plume de fer de l'encrier où elle s'abreuve! Si nous tombons encore dans ce progrès-là, c'est en fait, la fin du monde est proche! l'esprit humain reste sans défense contre ses propres excès, et la société, envahie soudain par une improvisation sans fin, sans terme et sans contre-poids, devient un *sauve-qui-peut* général! En vérité, messieurs, je ne connais pas de danger plus terrible que le progrès!

Ainsi parla notre ami Thomas. Il fut beaucoup plus éloquent que je ne pourrais vous le dire. Il est, comme vous voyez, tout à fait le véritable descendant de cet apôtre obstiné qui niait la résurrection du Christ, et à qui Notre Sauveur fut obligé de débiter les deux rimes latines :

Vide pedes, vide manus :
Noli esse incredulus.

BIBLIOTHÈQUE ROYALE X

FIN DU TOME TROISIÈME.

TABLE.

www.ingramcontent.com/pod-product-compliance
Lightning Source LLC
LaVergne TN
LVHW010553110826
845149LV00003B/652

9782011850775